沟通力成就领导力

LEADER EFFECTIVENESS TRAINING

高效能领导应掌握的
沟通能力及人际技巧

（美）托马斯·戈登 —— 著
（美）李洁 —— 译

北京理工大学出版社
BEIJING INSTITUTE OF TECHNOLOGY PRESS

版权专有 侵权必究

图书在版编目(CIP)数据

沟通力成就领导力：高效能领导应掌握的沟通能力及人际技巧/(美)托马斯·戈登著；(美)李洁译. —北京：北京理工大学出版社, 2023.3

书名原文：Leader Effectiveness Training

ISBN 978-7-5763-1840-1

Ⅰ.①沟… Ⅱ.①托…②李… Ⅲ.①领导学-人际关系学-研究 Ⅳ.①C933.2

中国版本图书馆 CIP 数据核字（2022）第 247281 号

北京市版权局著作权合同登记号图字：01-2017-8939

English-language edition copyright©1977,2001,2011 by the Linda Adams Trust. All rights reserved,including the right to reproduce this book,or parts thereof,in any form,except for the inclusion of brief quotations in a review.

出版发行 / 北京理工大学出版社有限责任公司	
社　　址 / 北京市海淀区中关村南大街 5 号	
邮　　编 / 100081	
电　　话 /（010）68914775（总编室）	
（010）82562903（教材售后服务热线）	
（010）68944723（其他图书服务热线）	
网　　址 / http://www.bitpress.com.cn	
经　　销 / 全国各地新华书店	
印　　刷 / 三河市华骏印务包装有限公司	
开　　本 / 880 毫米 × 1230 毫米　1/32	
印　　张 / 11	责任编辑 / 李慧智
字　　数 / 198 千字	文案编辑 / 李慧智
版　　次 / 2023 年 3 月第 1 版　2023 年 3 月第 1 次印刷	责任校对 / 刘亚男
定　　价 / 68.00 元	责任印制 / 施胜娟

图书出现印装质量问题，请拨打售后服务热线，本社负责调换

对本书的更多赞誉

戈尔公司文化的成功依赖于各种技巧,其中之一是一对一的直接沟通——这是戈尔公司倡导的核心价值观之一,也是实现企业目标的根本要素。领导效能训练提供的技巧从多方面帮助企业减少了宕机时间,提高了领导的自我价值认识,并能帮助领导更快地发现核心问题。此项培训教会了领导们如何辨别问题归属权、绕开沟通绊脚石,以及怎样运用换挡技巧。而这些正是领导效能训练的最关键部分。我们为所有在 W.L.戈尔公司任职超过 20 年的员工提供了领导效能训练。员工们在工作中开始运用这些技巧,公司也因而得到持续的收益。

莫琳 F.
W.L. 戈尔公司人力资源专员

我会把领导效能训练推荐给所有需要人际交往的人,确实……这门课程对每个人都适用! 相对于我参加过的其他人际关系和冲突解决的培训，"行为窗口"是我学到的一个新知识，而且对我的工作非常有帮助。此外，整个训练中有很多互动，并能够很容易地学以致用。

工作人员
青年基督教协会

我们公司，像所有其他公司一样，公司的成功或失败在很大程度上取决于人际关系的好坏。这些人际关系是领导与员工之间、员工与客户之间、员工与供应商之间等的关系。领导效能训练不仅提供了一个模型和有效的方式来重新思考如何建立人际关系，如何更好地沟通，如何判断问题归属权等，而且提供了如何提高处理人际关系能力的技巧。市面上有很多领导效能的培训课程，但很少能够提供可实际操作的技巧。在我们给员工提供其他培训课程和工具的同时，领导效能训练将继续成为我公司培训课程的坚实基础。

汤姆 H.
组织效能部总监，埃斯特莱技术公司

成为一名注重实际的、精力充沛的、厚脸皮的人——领导效能训练赋予了我新的思路和技能，让我可以用从未有过的方式与世界各地的同事以及家里青春期的女儿们沟通。我学到了何时及怎样沟通才能保持良好的人际关系，与此同时帮助他人理解我的观点。这让我不仅在面对公司诸多问题时获得了更多成功的解决方案,与家庭成员之间的关系也更加亲密。

莱斯利 V.
组织效率领导,美敦力公司

领导效能训练已成为我公司多年来(几十年)最重要的部分。但更重要的是,在调解冲突、训练职业经理人、促进团队建设和引进其他培训课程中,这些技巧对我个人能力的提高非常宝贵。比这更重要的是,在我女儿出生前我就有机会学习到这些技巧,让她妈妈和我有机会在女儿成长初期就学会了如何与她良好地沟通。我们是多么幸运啊!谢谢了,托马斯·戈登和戈登国际培训公司。

比尔 S.
总裁,人力效能中心

领导效能训练提供给我们员工一个如何通过表达他们的声音和意见来建立良好关系的路线图。这个课程教会了团队将冲突放到桌面上,重视他人的意见,并协同合作来解决问题。我目睹了戈登食品服务公司的所有同人都开始用沟通来解决冲突,而非依靠争论解决问题或绕开问题。我同时也看到很多人运用主动沟通来满足他人的需求。我们真的见证了这个课程是怎样改变了员工们的生活。我可以说它真的改变了我的生活。作为戈登食品服务部的培训师,我非常重视我们与戈

登国际培训公司的关系。我们在这种关系中努力工作，尊重和满足两个企业的需求。戈登国际培训公司不仅是一个供应商，而且真正成了我们企业走向成功的合作伙伴。

夏芮丝 B.

训练课程总监，戈登食品服务公司

作为一位人力资源经理，同时也是公司内部领导培训的教练，我发现那些参加过领导效能训练的主管们改善了他们和团队间的互动。领导效能训练为主管们提供了面对下属、同事、客户和上司等令人尴尬的人际关系所需要的沟通技巧。在问题变得更棘手，需要由人力资源部门出面调解之前，很多冲突就已经被妥善解决了。

苏安 F.

人力资源经理，萨克拉门托县

我可以告诉你，戈登模型对我的整个职业生涯产生了巨大的影响。作为一个曾经的公司领导，我刚刚意识到不主观评判的重要性。因为这些评判经常是错误的，并对我和员工的关系产生过相当负面的影响。我还学习到，尊重性的面质不仅没有伤害性，而且对帮助员工成长通常是有益的。通过这个过程，我拥有了一个真诚的信念，每位员工都想变得更加卓越——他们各自对卓越的定义可能与我的定义不同。

在我的咨询工作中，领导效能训练也不断给我启发。在一个团队还没学会积极倾听的情况下,如何促成团队的协同合作?在缺乏我－信息时,如何能正确地面质不可接纳的集体行为?在不知道每位参与者需求的情况下,如何能够成功地解决问题?现在作为一名培训师,我发现这些技巧同样适用。如果我不首先通过积极倾听来了解一个人,我绝不可能教会别人任何东西。

海伦 W.

独立顾问／培训师

序言

这本书最初于 1977 年出版，但仍与现代企业中的领导素质息息相关。事实上，鉴于当今企业的组织架构已经从传统的"统治"模式转向"协作"模式，从垂直结构转向扁平结构，从强调"官职"大小转向与员工"互动"，这本书与当今企业的发展趋势更为相关。

工作场所比任何一个地方都更推崇建立广泛的合作关系。以前传统的垂直组织架构要求最高领导发布号令，佐以严格的控制和不透明的信息。今天，这种专制的、自上而下的、命令式的、操控式的、各自为政的领导模式正在被现代所倡导的平等关系、团队精神、协同工作、互相依赖、责任心和信息自由流动的参与式管理模式所取代。

强有力的证据表明，参与式管理模式的表现优于垂直专制式管理模式。近年来，已经有大量研究验证了参与式工作模式很大程度上促进了生产效率的提高、财务绩效的改善、人员流失的减少和缺勤率的降低。

无论是在美国还是其他国家，所有重要人际关系中也存在同样的趋势。女性在婚姻及工作中与男性竞争并取得了更为互惠、平等的关系。同样，受到父母能效训练强烈影响的父母们放弃了父权至上的"指挥和服从"式育儿模式，而更加偏好非强权、无等级、无惩罚的育儿模式。越来越多的父母们开始理解专制教育对孩子以及父母与孩子之间关系的破坏性影响。他们也懂得了放任的亲子模式也并非理想的替代方案——父母们和孩子们都应该使自己的需求得到满足。

在我们的教育机构中，也可以开始观察到更为民主的趋势。传统上，这些机构一直用强权的专制管理来处理工作关系——包括主管和教师、教师和学生，甚至教师和家长之间的关系。现在不允许教师使用强硬的惩罚手段来强化他们在教室中的统治地位。我们公司在训练教师们如何调动学生的积极性，使他们在充分参与课堂纪律制定方面发挥重要作用。除此之外，教师们成立了学生协作学习小组，许多研究表明这种无领导式协作学习模式使学生们受益匪浅。

当这本书最初出版时，它经常被描述为太"软弱"，太"以员工为中心"。批评者们对领导需要召集如此多的团队会议并与其团队成员"分享他们的权威"持怀疑态度。领导效能训练曾被视为异类领导模式，许多批评者们认为此模式对"集体智慧""员工自我激励""领导职能下放给团队成员"太过信任。连领导效能训练强调的积极倾听技巧也常被认为是将心理治疗和"感同身受"行为带入了工作场所。领导效能训练还被批评为过于强调员工的"幸福",过于信任员工参与式的问题解决方式和个人目标设定。

然而,25年后,我们正在经历各类组织机构重大变革和领导的角色转换。现在人们普遍认为,高效能领导的关键是他们能够建立一个高效能的团队,并具有与其他部门的领导和团队协同合作的能力。

领导需要学习和掌握人际关系技巧来创建一支团队,并使团队每位成员了解他们的参与具有很高的价值,领导期望并需要他们的参与。

数百篇文章和众多书籍证实了新型领导需要接受本书中特指的人际关系技巧的训练,例如:

• 召集和引导团队参与式的会议;

• 练习共情式的积极倾听;

• 使用无威胁的面质,一种非权力的方式来影响他人改变不可接纳的行为(我–信息);

• 解决冲突,因此没有人成为输家,满足矛盾双方的需求;

• 认识和避免因人与人之间的沟通而产生的绊脚石;

• 使用无威胁性的绩效评估替代传统评估;

• 选择适当类型的团队会议。

不幸的是,虽然"人际关系训练"在当今社会至关重要,很大一部分员工从来没有接受过任何关于如何成为高效能团队成员的培训。

事实上，许多公司在此类培训上根本没有任何投入。为了生存，很多企业现在需要给领导和员工提供此类培训，以提高其在合作关系中所需的技巧。公司也需要成为"学习型企业"。

自1977年出版本书以来，我成立的公司——最初被称为效能培训公司，之后更名为戈登国际培训公司——已经向美国数百家公司和其他20多个国家的公司经理和主管们提供过领导效能培训，其中包括俄罗斯。这本书是领导效能训练的教科书。参与者有充分的机会通过高强度互动的技巧训练，配合认证辅导员的讲解，来学习沟通技巧和解决冲突的步骤。

参加领导效能训练的员工们一致认为此培训的主要价值在于学习到了其他课程不能提供的必要技巧。他们坦言，其他的顾问和书作者曾经告诉他们应该做什么——例如员工参与、全面质量管理（TQM）、团队建设、领导职能下放、多元化价值以及来自高层管理者的举措，但很少有人教他们如何做。领导效能训练为他们提供了具体的沟通技巧、解决问题的程序以及解决冲突的办法，使他们掌握了工作中需要的实际可操作的技能。

很明显，参与式管理模式已经成为主流。你手里拿的这本书不仅将帮助你学会做什么，更重要的是教给你如何去做。

托马斯·戈登博士
戈登国际培训公司创始人

中文版推荐序

在倡导高效能领导与团队成员之间应该建立协同合作的参与关系，而不应该实行独裁方面，戈登博士是一位先锋人物。从他第一次为美国加利福尼亚州的格伦代尔公司提供领导效能培训课程以来，此课程已经有超过 60 年的历史。当时，这是一个具有革命性的理念。即便在今天，许多管理者对这种领导方式仍持怀疑态度，并执意使用强权和操控的领导模式。

但是越来越多的证据表明，领导与团队成员之间关系的质量是决定企业效能、创造性和满意程度的关键因素。而这种关系的质量正是由领导决定的。领导与员工们的交谈和相处方式会带来积极或消极的影响，进而影响员工们的效率、创造力和工作满意度。

领导可以利用自己的权威和权力来操控员工，形成一种具有威胁性和低效能的工作氛围。在这种环境下，员工感到有必要服从领导、遵守指令、不大声说话，以避免尴尬或惩罚——

这样他们的创造力会被扼杀,工作效率就会下降。领导也可以营造一种和谐的、富有成效的氛围,让员工们有发言权,自由地探索新的解决方案和想法,提出问题,感受到被倾听和被理解,并参与影响自身利益的决策制定。在这种氛围下,员工们会快速成长。

领导效能训练的目的是提供给领导一些理念和技巧来营造一种正面情绪的氛围——一种有利于提高领导和员工双方面的效能、创造力和工作满意度的氛围。

戈登博士是我已故的丈夫,我非常荣幸能和他一起生活和工作35年。他一生都在教导人们——领导们、父母们、老师们——如何创造协同合作的环境,使每个人都能茁壮成长,并有机会发挥他们的潜能。他建立的模式已经被世界上50多个国家接纳和使用。

我很高兴中国的管理者能通过中文版了解领导效能培训的理念。我希望它能鼓舞和激励你运用此书中提及的原则和技巧。

琳达·亚当斯
戈登国际培训公司总裁及 CEO

译者序

一年前,我的前同事加铁杆闺蜜微微辣老师就跟我提及了托马斯·戈登博士撰写的 Leader Effectiveness Training 一书,并告知我 2017 年 10 月在美国的圣地亚哥市还会举办培训此课程导师的工作坊。起初我并不以为然,仰仗着自己从美国一个小公司的销售助理爬到财富 500 强高管的 20 多年工作经验,和跨部门,跨地域,上到董事长、下到某区的销售人员等各色人等打交道的经历,领导效能类的知识对我来说应该就是手到擒来,还有必要看书和学习吗?

带着疑问,我致电了微微辣老师、戈登国际培训公司的琳达·亚当斯总裁以及培训督导比尔,才决定拿起这书本。起初的目的无非是想挑战一下这本书是否真的如其所称的那么实用。很庆幸的是,戈登博士的这本书与我所接触的其他书本最大的不同是它不仅有完整的理论,最主要的是它确实提出了针对不同问题所运用的实际技巧,以及如何根据不同情况灵活运用这些技巧。这些技巧在当今复杂的工作环境中,尤其是同事之间、上下级之间、团队之间出现问题时,尤为重要。

我边学的时候边想,如果更早接触到它,那么在实际工作中我就可以更好地把握同事间问题的处置。例如我刚加入某财富500强公司时接手了一个团队,其中一位同事有非常出色的市场营销能力,但是在并购方面有所欠缺。在做其绩效评估时我很直接地用实际案例指出其不足,他都接受,但当他看到最后的绩效考核评分时,对所得到的结果非常不满。这给我们双方都造成了困扰。在反复沟通后,我完全陷入了自说自话之中,其实就在传递一个信息——"我是老板,我说了算"。之后这位同事转到了公司另一个业务部门的市场和销售部,马上成为其团队的明星雇员。如果我之前就接触到戈登博士的这本书,肯定会采用不同的方式处理。运用积极聆听、共情来听到他的声音,用我–信息来表达自己的感受,而不是把自己的决定强加给他。

其实大多数身在职场的人早就知道应该在工作中鼓励和发扬协同合作的道理。但实际情况是很多领导,包括我自己在内,都不自觉地用权威来达成共识,而在私下聚会时还会宣称自己是一位"民主"的领导。这本书给我带来的最大启发就在于作为一位领导者,怎样才能做到真正的协同合作、建立最优秀的团队、发挥大家最大的潜能。即便我们不能拥有一个钱多、活儿少、离家近的"理想"工作,至少可以为自己和身边的同事们创造一个舒心、省心的工作环境。

拜读了此书后,我于2017年10月参加了在美国举办的领导效能培训工作坊。只能说阅读此书为我打开了一扇门,而工作坊让我真正感受到了它的切实力量——温和、坚定、有效。希望你也有机会尝试!

最后想特别感谢微微辣老师推荐我作为此书的译者,并在我个人的职业生涯中给予诸多鼓励和帮助。作为一个在美国完成大学和研究生的"70后",我的中文肯定有很多不足之处,只好在今后的版本中慢慢修改,也希望大家给予指正。

李洁

于2017年11月30日,

在美国旧金山,一个阳光灿烂的下午

目录

第一章　如何成为有效能的领导　001

第二章　成为领导并不意味着你就是领导　015

第三章　单打独斗——或请团队协助　045

第四章　协助团队成员解决问题的技巧　061

第五章　每天运用倾听技巧　093

第六章　如何满足自己的需求　117

第七章　如何建立一个高效能团队　145

第八章　冲突：谁会赢，谁会输？　177

第九章　无输家法：把冲突转化为协作　211

第十章　无输家法在企业中的应用　265

第十一章　定期规划会议：一个新的绩效评估方法　291

第十二章　领导面对的一些更深层问题　315

个人后记　326

作者声明

为了使本书更中性，避免"他或她"的构建，我在本书的所有章节提到领导和团队成员时，都交替使用了男性和女性人称。

第一章

如何成为有效能的领导

第一章　如何成为有效能的领导

据了解，直到大约 1800 年，"领导"一词才出现在英语辞典中。之后社会科学家们又花了 100 年时间认真研究了领导力现象。在过去的 65 年中，研究人员们努力工作，弥补之前失去的时间，来寻求一系列问题的答案：一个人如何成为领导，如何保持其领导地位，如何获得追随者，如何影响团队绩效，以及什么成就了高效能领导。一项对领导力研究的全面调查和研究报告有 150 页之长，包含了超过 3 000 份的参考资料！显然领导力已经被彻底深入地研究和调查过了。

现在，关于领导力概念的许多谜团已经被解开，因此一位高效能领导所具备的要素才有可能被精确地描述。基于许多类型的企业和团体的确凿证据而得出的成千上万的研究报告，我们已经能够建立一个领导有效性的模型。

这本书的目的之一就是将这个模型带入公众视野，让那些就职于政府、贸易和工业公司、公共事业机构和组织，或服务于社区、学校和家庭的领导们，更容易获取这方面的信息。

大多数人一生中的绝大部分是在集体中度过的——无论他们是在工作、祈祷、娱乐，还是在学习。似乎所有的集体都需要领导，只是

沟通力成就领导力

领导的好坏不同。领导可以创建或瓦解一个团队。他们的态度和行为强烈影响团队的表现及团队成员的满意程度，就像每个人都会与老师、主管、上司、委员会主席、教练、经理、神职人员和当选的政府官员直接打交道那样。

我们的社会同样需要领导，只是大多数人在某个时间或另一时间被推到领导岗位的事实经常被忽视。例如大多数人成为父母，就成为一个与孩子有关系的领导。教师也是他的学生们在课堂上的领导。每个人都可能成为领导，可以是被推选主持一个委员会或任务小组的工作，也可以是一位志愿组织的负责人，一位童子军领头人或野营地的主管。

在担任这些不同领导角色的无数人中，有多少人认为这是一个非常有益和充实的经历呢？有多少人可以诚实地评估自己的表现为"出色"？有多少人遇到过不服从领导的困扰，甚至敌对、忌妒、不友好的企图？又有多少人最后说，"我再也不想当领导了"？

如果作为领导是一个糟糕的经历，它几乎总是与领导自身的低效能有关。因为很少有人在领导效能方面得到过任何具体的训练，因此很容易理解为什么伴随一名领导的经常是困扰、精疲力竭和失望的情绪。

研究表明，领导失败的主要原因之一是，他们被晋升到一个必须与他人密切合作的职位。由于在建立良好人际关系和以团队为中心方

第一章　如何成为有效能的领导

面没有接受过任何训练，他们无法借助团队成员的创造性解决问题。他们的失败归根于他们不知道如何建立平等或伙伴式的人际关系。

这本书的第二个目的是向领导者演示他们必须学习的特殊技巧和方法，让他们掌握当今有效领导力的"模型"。仅仅理解这个模型是不够的，领导必须具备可以实际操作的技巧。

以"相互满足需求"这个重要概念为例，本书在第三章中对此有更充分的解释。研究表明，高效能的领导不仅能让团队成员感到他们的需求得到了满足，领导自己的需求也会得到满足：有人称之为"公平的社会交换"。但是领导如何能实现这一点？领导必须做什么具体举措才能实现这种相互满足需求的理想状态？在大多数关于领导力的书中，你不会找到那些"如何"实现理想状态的答案。然而这种解决需求冲突和实现必要的"公平利益平衡"的具体举措确实存在，其中最重要的是"无输家法则"，在第九和第十章中有详细解释和说明。冲突解决六部曲可以让领导们将理论转化为实践，用事实来验证从大量研究中获取的理想状态。

研究结果也始终如一地验证了"参与原则"。例如，当团队成员有机会参与变革的决策以及决定如何实施决策的时候，他们更容易接受新的理念和新的工作方法。虽然大多数关于领导力的书中提及了"员工参与"是高效能领导的理想状态，但它们很少清楚地解释领导如何能有效地做到这一点。在第七章中，我分解了"参与式管理"的抽象

沟通力成就领导力

概念,同时演示了领导如何能够不同程度地利用团队成员的参与来解决问题,进而描述了召集不同类型的团队会议来促进成员们积极参与的方法。

这本书显然是一本关于技巧和方法的书:如何倾听团队成员们的问题;如何让成员们知道你的需求;如何召集一个有效的会议;如何识别问题并有效地获得良好的解决方案;如何处理违反规则的行为;如何让团队成员制定自我绩效目标;如何做出无威胁性的绩效评估。

作为人际关系顾问的我,一些技巧和方法是我个人在多年前与各类企业领导的协同合作、解决实际问题过程中得到的。其他的技巧和方法(主要是积极倾听)是从卡尔·罗杰斯博士——将我培养为一位专业的"协助顾问"的人,以及从曾经是临床心理学家的同事那里获取的。多年来,我对这些技巧的信心逐渐增加——我知道它们真的有用。我知道它们给大多数领导带来启发,这个信念是基于过去40多年来,成千上万的领导参加了领导效能训练课程,成千上万的老师和校长们参加了教师效能训练课程,数以百万计的家长们参加了父母效能训练课程。

当所有级别的管理层都接受了领导效能训练(L.E.T.),这些技巧和方法将对整个公司产生更大的影响。当然,如果只有一位领导获得了这些技巧和方法,其对公司的影响也已经可以明显地被觉察到。这是在芝加哥大学进行的一项研究中得出的结论。此项研究跟踪了一位

第一章 如何成为有效能的领导

单独参加了领导效能训练并掌握了此书中各类技巧的领导,得出了上述结论。

这位领导在参加培训之后改变了其领导风格。在他担任厂长一年后,研究人员与被他领导的团队成员(11位工段班长)以及其他高层管理人员(共12位)进行了深入的访谈。在他们对厂长的160条不同反馈中,只有5个被标注为不理想的结果。而最常提到的关于这位领导的特点是:

愿意倾听并理解他人的观点;愿意讨论问题;愿意开放地听取不同想法;愿意腾出时间倾听下属(27条评论);

给予支持和帮助;支持你;站在你一边;记住你的问题(19条评论);

推崇团队模式;帮助团队做出更好的决策;促进合作(19条评论);

不密集监管;不过度监管;不独裁或照本宣科(18条评论);

下放职权;信任下属;依赖下属们的判断;鼓励团队决策;对团队成员的创造力给予信心(17条评论);

坦诚和直接沟通;告诉你他的想法;你可以信任他说的话(11条评论);

激发下属们最好的潜质;与工人们有经常性的接触(8条评论);

访谈中还提供了关于厂长新技能和方法所带来影响的具体数据:

加强了所有部门之间的协调合作(21条评论);

沟通力成就领导力

> 对工段班长的行为和成长带来了积极影响（19条评论）；
>
> 提高了生产率和利润（11条评论）；
>
> 找到了更好的决策和解决方案（7条评论）；
>
> 改进了规划和工装需求（5条评论）；
>
> 提高了效率并降低成本（4条评论）；
>
> 改善了沟通（3条评论）。

这些数据，虽然带有主观性，但是由一个独立的机构收集，并没有花言巧语取悦领导的意图。因此，此项研究更加增强了我的信心，即便其他领导还未接受过同样的领导效能训练（L.E.T.），它确实可以教会一位领导新的技巧和方法，并很容易被其领导的团队成员和其他同为管理层的同事们觉察到，为企业带来积极的影响。

我也希望这本书将有助于消除一些无用的论点和关于领导力的普遍神话。可能最普遍的论点是，"以人际关系为主导的"（或以人为中心的）领导比"以任务为主导的"（或以生产为中心的）领导更好。研究清楚地表明，有效能的领导必须是一位"人际关系专家"，同时也是一位"任务专家"。领导的有效性要求在尊重员工的同时，能够成功地激励他们在工作中取得更高绩效。如只取其一，就不可能成为一位有效能的领导。

关于领导应该是严格还是放任，有一个类似的论点。在第八章中，

第一章　如何成为有效能的领导

我将指出这两种方法的缺陷并提醒领导不要使用自己的权力来赢得冲突的解决，也不要允许团队成员以领导失败为代价而赢得胜利。我定义的领导效能最核心的部分是非"强硬"或"软弱"的第三种选择。在领导效能训练中，它被称为解决需求冲突的无输家法则，这个命名是因为它产生的"相互满足需求"的解决方案，即没有人是输家。这是一个理想的状态，一些作者也称之为"社会交换理论"或"公平的利益交换"，即解决冲突的方案，这让领导和团队成员都感到很公平。在第九章和第十章中，你将逐步学习到如何使用无输家法则来解决矛盾。

然而，另一个问题将领导们划分为两个阵营，这个问题即会议的价值。有些人不喜欢会议，理由是花费过多的时间，很少能够做出决策，只是一个"无答案的聚集地"。而对另一些领导来说，会议是必要的。他们相信会议促进团队的"参与"，能挖掘团队成员的创造潜力，并产生更高质量的决策。本书第七章将全部用于讨论会议的功能，因为我相信会议是必要的。因为一些领导还未掌握高效会议的技巧，或者会议的目的是错误的，因此会议往往被认为是低效、枯燥和耗时的。

我描述了几种不同类型的会议，并给出了何时使用何种类型的会议来达到预期的目的。我提供了17条指南，让解决问题和制定决策的会议更高效、更有成果。你将在这些指南中找到有关会议频率和持续时间、如何处理会议纪要、如何制定会议议程和确定优先事项、哪些

沟通力成就领导力

类型的问题不适合集体讨论、如何制定决策规则以及保密和评估会议的方法等。我也提供了一些帮助团队成员们在会议中成为更负责任的参与者的指导。

这本书有三个重要的特点：（1）它尝试着综合社会科学家们研究成果中的最佳理念；（2）它提出了领导和团队成员之间理想关系的模型，这种关系并非仅停留在学术探讨中，而是可被充分理解并具有实际操作可能；（3）它提供了领导将模型转化为具体实践的必要技巧和方法。

但这还远远不够。我的经验告诉我，除非首先掌握了关于权力和权威的关键问题，否则任何领导都不会改善他或她的领导效能。因此，我竭尽全力使自己对权力和权威的思考更加清晰。无论是在参与领导效能训练的管理者中，还是从撰写领导力文章和书籍的作者当中，我很轻易地发现了他们对权力和权威理解的广泛差异（当然，这也在一定程度上解释了为什么人们对是否使用权威和权力有巨大的分歧）。

在第八章中，我定义了三种不同类型的权威，第一类来源于权力（即运用惩罚或奖励的手段）；第二类来源于一个人的工作岗位的赋予；第三类来源于一个人的专业知识及技能。后两者很少在人际关系中制造问题，但第一类几乎不可避免地会对人际关系产生破坏，从长远来看也会降低员工的工作动力和效率。更糟糕的是，当领导使用权力时，他们实际上

第一章 如何成为有效能的领导

就会丧失影响其团队成员的能力。我在同一章对此现象给予了解释——如何在不使用权力的情况下影响他人是领导效能的关键。

与我们社会中的各类组织机构共同成长的人都必须承认，一场变革已经开始——这是一场具有重大意义的人际关系革命。人们希望得到尊重和享有尊严；人们要求在自己的工作场所中有更多主张；人们不愿意被胁迫和剥削；人们希望在有意义、有回报的工作中实现自我价值；人们通过换工作、旷工、冷漠的工作态度、对抗及恶作剧等方式来反抗非人性化的工作环境。

本书将为那些已经认识到"人的因素是最重要的"、良好的人际关系在企业中具有重要地位的领导们提供宝贵的技巧和方法。如果你不想使用权力迫使员工们顺服，继而造成破坏性的影响，将会在此书中发现很多不使用权力的替代方案。如果你不想自己做所有的决定，可以学习到如何建立一个会做决策的团队。如果你想拥有开放和坦诚的双向沟通，以便你和团队成员间能更好地相互影响，那么积极倾听和我-信息技巧将为你打开新的途径。

最后一点：这本书永远不会做的一件事。它不会告诉你使用这种领导力模型的具体成效或结果。领导效能训练只教会你方法。通过这些应用，不同的结果将在不同的组织机构中体现，并受以下多种因素的影响：组织机构的业务、不同的员工类型、组织机构本身运行的经济和财务局限等。就像我所知道的一家公司，这种新的领导技巧可能

沟通力成就领导力

会降低成本并提高员工士气。或者这种新的人际关系技巧会带来与拥有 17 000 名员工的美国货运公司类似的结果。该公司的学习中心经理乔治·舒尔茨总结了领导效能训练的以下成效：

提高了员工的工作满意度；

有效激励了员工贡献新的理念和改善运营程序的积极性；

降低了员工的离职率；

增强了工作能力和技巧；

提高了效率。

训练的成果非常正面，管理者现在以更协同合作的方式对待工作并与团队一起努力实现共同的目标。然而，最重要的是我们在完成领导效能训练后听到了很多不同程度的个人生活中的成功案例。很多主管和经理回来告诉我，他们个人生活中的人际关系得到了挽救和改善。

或者就像在我自己的公司里，领导的新技能可能会带来如下的变化：

采用灵活的工作时间以减少旷工；

新训练计划的设计和开发明显加速；

向希望参与的任何员工开放管理层会议；

减少组织中不同级别的员工之间的地位差异；

将每位员工分配到一个工作小组或一个"管理团队"。

第一章　如何成为有效能的领导

如同在其他一些公司一样，你的领导风格变化可能带来与工会之间更加成熟和合作的关系；用定期规划会议取代传统的绩效评估；取得更高的利润；采取基于团队绩效的奖金分享制度；改善与客户和最终用户的关系；使用更好的沟通渠道；改善工人的工作环境；实施工作轮岗制度；允许生产人员负责质检工作；扩大底层人员职能；让生产线工人负责掌握装配线运行速度；雇用更多残疾人；雇用更多的少数族裔员工；做更多的管理训练。

任何上述结果都是可能的，获得了这些技巧的领导能够充分释放员工们的效能潜力，并挖掘集体智慧。谁知道可以取得什么积极的成效呢？也许可以移走一座大山。

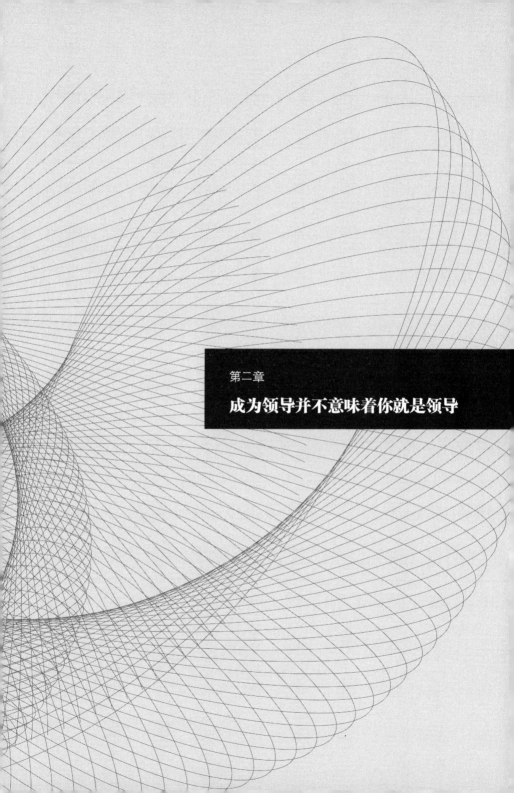

第二章

成为领导并不意味着你就是领导

第二章　成为领导并不意味着你就是领导

弗兰克·龙被选为他任职的服务俱乐部主席。大约在同时，斯蒂丝·拉斯罗普被任命为银行柜员主管。伊丽莎白·霍尔终于实现了成为公司销售副总裁的雄心壮志。在一个制造企业担任一线主管六年后，比尔·莫里森被升职为厂长。路易斯·林德利，在美国中西部一所学院中以绝对优势被选为学生会主席。

朋友们在恭贺他们的时候都说这是他们努力的回报。其中一位打电话给她的丈夫，激动地宣布了这一好消息。另一位则携带家人们一起吃饭庆祝。所有的人都为他们所取得的成就而感到自豪。他们内心都觉得自己"达到目的"了，"往上爬了一级"，"到达顶端"了。

这种感觉是被晋升成为领导的人的普遍反应。他们觉得，"我已经做到了"。但实际上，获得领导职位的人还没有做到。这仅仅是个开始。

成为一位领导并不意味你就是领导。因为当你成为一位团队的领导时，你必须要做得更多来赢得团队成员的接受并对他们的行为有所影响。更重要的是，获得领导职务——无论是主管、部门负责人、总裁、经理还是老板——很快就会带来意想不到的失望和不请自来的众多问题。毫无疑问，你会看到一些来自团队成员的忌妒。还可能有其他人因为没有得到你的职位而怨声载道；在他们眼里你并不应该得到这个职位，他们才应该。

此外，你可能会观察到一些细微的（和明显的）团队成员行为的变化。有些人现在似乎在回避你，而几星期前他们还是你的朋友。大家一起共进午餐的时候没人邀请你。其他人可能开始有点怕你；他们的行为变得有防御性，说话更加谨慎，不会坦诚地和你分享他们的问题。你甚至可能开始觉察到某些人在明显地奉承你，而另一些人却对你过度指责。如果你碰到类似的消极抵制，这是很正常的现象，例如强烈反对你提出的新规划和诚恳的建议。

作为一位团队的领导，你和团队成员之间的关系发生重大变化几乎是不可避免的。以前把你作为平级同事或朋友的人突然改变了他们对你的姿态。你是"高高在上"，而他们现在是你的"下属"；他们"向你报告"，你是"上司"。

即使你是从其他公司外聘成为团队的领导，也要准备接受一系列负面的反应：怀疑、不信任、敌对、奉承、消极抵抗、不安全感等。并且，不要忽视某些人甚至可能想看到你在新工作中摔得头破血流！

人们内在的消极反应模式是自然产生的，他们还是小孩子的时候就已经学会了。领导需要面对每位团队成员的"过去的内在小孩"。作为曾经是个孩子的我们，曾经密切地参与了各种成人之间的关系：

第二章　成为领导并不意味着你就是领导

父母、祖父母、学校老师、教练、童子军领袖、钢琴老师、校长，还有臭名昭著的副校长等。当我们是小孩子的时候，所有这些成年人都有权力和权威来指使我们，而且大多数也常常使用自己的权力和权威。所有的孩子都尝试采取不同的手段来应对这些"权力人物"。有些应对方法是有效的，而另一些是无效的。那些有效的应对手段被反复使用，自然而然地，在人们成年后就形成了习惯性的应对机制来对付那些试图控制和主导他们的人。

当孩子们进入青春期甚至成年期时，这些自儿童时期就形成的应对机制如影随形。他们成为成年人性格中的一个组成部分，每当他与一位拥有权力或权威的人建立人际关系时，这部分应对机制就会不自觉地被唤醒和触发。因此，所有成年人在真正意义上拥有的"过去的内在小孩"将会很大程度上影响他们如何对领导做出反应。

每当与一个权威人物建立新的人际关系时，人们很自然地采用了在他们的生活中建立的惯用应对机制。这就是为什么每一位新的领导都需要面对每个团队成员的内在小孩。他们的特殊应对机制已经存在，并随时可被触发——领导并没有一手造成这些应对机制的存在。无论如何，因为团队成员已经先入为主地认为大多数领导有可能是控制方和统治者，即使领导没有使用权力和权威的意图，团队成员也将以此方式应对他。

毫无疑问，你会识别出下面罗列的大多数应对机制。你肯定会回

沟通力成就领导力

想起自己是孩子时最常用的个性化应对措施,以及成年后还在继续使用的应对方式,并对号入座:

1. 抵抗,防御,反抗,消极主义;

2. 怨恨,愤怒,敌意;

3. 侵略,报复,回击,嘲笑权威人物;

4. 说谎,隐藏真实的感受;

5. 谴责别人,打架,欺骗;

6. 控制,欺负或欺凌那些权力小的人;

7. 凡事要赢,痛恨失败,完美主义;

8. 形成联盟,组织起来反对权威人物;

9. 屈服,服从,遵守,顺从;

10. 奉承权威人物,希望得到宠爱;

11. 遵奉权威,害怕尝试新的或有创造性的事物,需要事先保证成功,依赖于权威人物;

12. 撤回,逃避,幻想,倒退;

13. 生病;

14. 哭泣。

现在明白为什么你成了领导但并不意味你就是领导了吗?换句话说,事实上团队成员已经对你启动了应对机制。你还没赢得团队成员

第二章 成为领导并不意味着你就是领导

对你这个领导的认可,在他们眼中,你已经拥有了一个新的身份——一个潜在的控制和支配者。甚至在你真正使用你的权限或权力之前,团队成员就已经程序化地准备启动这些应对措施,并采取不同方式的组合来对付你。

当然,我没有打算阻止任何有志者成为领导。相反,我只想实际描述领导和团队成员之间的独特动态关系。最根本的是我想强调本章论题:成为领导并不意味你就是领导,因为领导不会自动得到团队成员的尊重和接纳;所以为了赢得他们的信任并对他们带来积极的影响,领导必须学习一些具体的技巧和方法。

什么是领导构成要素?

大多数人认为"领导是天生的,不是后天塑造出来的"。直到60或70年前,社会科学家们开始把领导作为一个正式的课题,对其开展了深入的研究。回到过去,巨大的社会阶级障碍不可能使任何人都成为领导。大多数人认为领导是从父辈继承而来的。因为当时的领导只在上等富有的家庭中频繁出现。显而易见的是,随着社会阶级障碍的消亡,领导可以来自社会的各个阶层。常识告诉我们,做一名领导比继承正确的基因或出生在一个适当的家庭要复杂得多。

如果正确的基因组合并非决定性因素,或许所有领导都具有通过

沟通力成就领导力

其成长的经历或所受到的教育而获得了某些特质或个性。这个概念启动了对领导普遍特性的研究。但是后来数百个研究证明，领导和非领导之间没有特性上的差异，至此排除了领导者都拥有相同特性的结论。

当社会科学家们开始着眼于领导和他们追随者之间的互动时，研究出现了一个重大的突破。在对上述项研究的分析中，他们最终推断：追随者们能够决定是接纳还是拒绝领导的影响。至此关键问题转变成为：为什么追随者们会接纳？为什么他们会拒绝？在双方互动的过程中到底发生了什么？

显然，你不能是一位没有追随者的领导。如果没有团队成员接受你的影响、指导和方向，你就不可能成为领导。但是领导如何赢得追随者呢？当我们了解到所有的人都有需求以及他们如何努力地满足这些需求时，这个问题的基本答案就会清楚地浮现出来。下面是领导如何赢得追随者的一些解释，听起来有点过于简化：

1. 为了生存，每个人都在不断奋斗以满足自我需求或缓解紧张的情绪。

2. 为了满足自我需求，有些手段是必要的（如工具、食物、金钱、体力、知识、信息等）。

3. 大多数自我需求是在与其他个体或群体的关系中得到满足的，因此个体和群体成为满足我们需求的最大依赖方式（我们不会种植自己吃的所有食物，做我们自己所有的衣服，得到我们所有的教育等）。

第二章　成为领导并不意味着你就是领导

4. 人们积极寻求那些有能力满足自己需求的人际关系。

5. 人们加入一些团体是因为他们寄希望于作为团体的一员，他们的需求可以得到满足。相反，当他们的需求不能被满足时，他们会离开此团体。

6. 只有当团队成员认识到一位领导可通过自己的方式满足他们的需求时，他们才会接纳这位领导的影响和指导。人们跟随一位领导（并允许领导指挥他们的行动），是因为他们相信自己的需求或愿望会被满足。

因此，一位领导只有向"追随者"承诺他们的需求会被满足的时候，才能赢得并保留他作为领导者的角色。这本书将识别和描述关键的态度、技巧、方法和步骤，使这一承诺成为现实。同时也为大家解开一个谜团：为什么一些人能够做到有效地赢得团队并持续作为领导，而另一些人却不能做到？通过研究和观察，社会科学家们发现了对于高效能领导的许多关键要求。我的目标是对这些知识进行组织归纳，以便使渴望成为领导的人更好地理解和运用。

领导的困境

通过满足团队成员的需求来获取追随者并不能说明领导效能的全面性。另外，领导也必须同时成功地满足自己的需求。

沟通力成就领导力

　　仅仅为满足团队成员①的需求而想晋升为领导的人少之又少。领导也是人。他们与常人一样有对地位、成就、高薪、认可、尊重、安全和被接纳的需求——事实上，通常他们的需求和团队成员的需求相同。如果他们在作为领导时不能找到满足自己需求的办法，他们通常不会在领导岗位上待很久。即使一些人发现成为领导后自己的许多需求不能被满足，但依旧担任领导职位，他们很快就会发现自己将无法确保其团队成员的需求得到满足。

　　对上述现象的解释是显而易见的：只有人们感到他们正在接受"互惠利益"时才会继续发挥能量，做有益于他人的事情。人际关系中的单向利益分享总是有上限的。你可以从"如果我给你的后背抓痒，你也会给我的后背抓痒"这个例子中更好地体会这一原则。

　　"满杯原则"在这里也适用：为了能够给他人提供水（让他们从我的杯子里取水喝），我必须有一满杯的水并找到方法不停地补水（确保我杯子里的水相对充足）。以帮助他人为生的专业人士对这一原则的重要性有较充分的理解，因为他们发现如果自己个人生活中遇到的困难和需求得不到解决和满足时，自己帮助别人的能力就会严重下降。这就是为什么如此多的专业治疗师自己也会有一位治疗师，以确保他

---

① 在本书中，我将互换使用"团队成员""小组成员"和"员工"这些术语。我还将为领导冠用一些术语，例如"主管""管理者"和"老板"。虽然我不喜欢后一个术语，但这是一个常见用法，完全不用它是不现实的。

第二章　成为领导并不意味着你就是领导

们的水杯是满的。

同样，在一个正常运营的组织机构中，所有领导最强烈的需求之一是老板看自己顺眼。确实，一位领导的自信主要建立在老板对其评价和评判的基础上。更重要的是，除非领导满足了自己老板的期望和目标（有效帮助公司实现其目标），否则他们将面临被降级或解雇的危险。

因此，在传统组织机构中领导们经常面临一个困境——一方面他们必须满足公司的需求，另一方面他们同时需要满足团队成员的需求。诀窍就在于学习如何平衡来自两方面的需求，使老板和团队成员都认为自己是位高效能的领导。任何在传统组织架构公司中就职的人都知道，这很难做到。因为一个公司的主要需求是为了提高生产力和效率，而团队成员有时的需求却是抵制为了提高生产力和效率而产生的压力。

大量研究表明，在实行垂直组织架构的企业里，高效能领导必须掌握一套满足自己需求的技巧（以及满足他们老板要求的生产力和效率），同时需要掌握另一套完全不同的技巧来满足团队成员的需求。下面是笼统描述这两组技巧的一些专业术语：

A. 满足团队成员需求的技巧	1. 增强团队成员自信和个人价值的行为。 2. 增强团队凝聚力和团队精神的行为
B. 满足企业需求的技巧	1. 激发提高生产效率并达到团队目标的行为。 2. 帮助团队成员达到目标的行为：规划、时间安排、协调、解决问题、提供资源

沟通力成就领导力

一位高效能的领导不仅仅是一位"人际关系专家"（满足团队的需求）或仅是一位"效能专家"（满足企业的需求），他必须同时成为这两方面的专家。更重要的是，高效能领导还必须拥有高度的灵活性或敏感性，知道何时何地使用不同的技巧来实现团队成员和老板需求的互相满足。最后，当团队成员和老板的需求出现相互竞争，进而发展为不可避免的冲突时，高效能领导必须掌握化解冲突的技巧。

这本书的目的是向领导者演示如何能更有效地实现双方需求满足的最佳状态；如何使领导和其团队成员用更坦诚的沟通来增强自身的灵活性和敏感性；以及他们如何使用公平（或"无输家"）的方法来解决需求冲突，这将大大减少团队成员对领导的不满、敌意和孤立。

团队成员需要什么

在团队成员眼中，领导是通过做满足团队成员需求的事情而赢得领导地位的。我要再次强调：如果没有团队成员，就不可能产生领导。只有当领导能够帮助团队成员满足他们的需求时，他们才会接受你的领导和影响。

这听起来很简单，但领导首先要准确地了解团队成员的需求到底是什么。只有这样，领导才能决定应该做什么来满足这些需求，以换取成员们履行自己的工作或职责。这种公平的交换是领导效能的关键。

第二章 成为领导并不意味着你就是领导

那团队成员到底需要从团队中得到什么呢？早期的"科学管理"专家们认为，一个人的工作动力主要来自经济利益的驱使，这是经济理论。后来的研究结论显示，除此之外，人们需要通过自己所在团队实现更多需求，如被其他成员接纳、自我实现和获得成就感、与其他成员的互动以及通过成为团队一分子来获得一定的社会地位。

因此，从社会经济理论的角度来看，领导其实有更宽泛的激励机制吸引员工加入其团队中，这也是一个更为准确的理念。为了保留出色的团队成员，有效能的领导必须满足团队成员对经济需求以外的其他必要的需求。

描述人们需求的一种有效方式是以不同层次的结构表现的。人本主义心理学家亚伯拉罕·马斯洛构建了一座五层金字塔，代表了五种不同类型需求对人类的相对重要性：

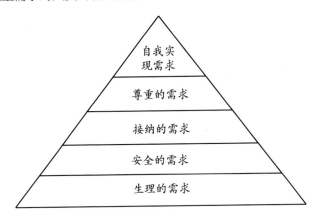

第一层次的生理的需求，例如口渴、饥饿和温暖，是最重要的（或"优

先需求"），因为任何人只有在满足了其第一层需求后才会有动力追求下一层次的需求。第二层需求（安全的需求）得到满足后，人们才有动力去寻求满足更高层次的需求。满足金字塔上其他更高层的需求也将遵循此原则依次类推。例如，一个饥饿的男人，即使冒着生命危险（忽略了安全的需求），也会积极主动地猎杀野生动物来获取食物。在杀死猎物，吃饱喝足后，他会主动转向满足自己的安全需求，比如将未吃完的肉存储起来之后再吃（安全的需求）。当大量食物被储存起来后，他可能会邀请朋友们来分享食物（接纳和社会交往的需求）。当这些需求满足后，他可能决定尝试新的烹饪方式或换种口味来准备佳肴（尊重的需求）。最后，如果上述这些需求得到了相当的满足，他可能会在自己住的洞穴墙壁上画幅猎兽图（自我实现需求）。

马斯洛的需求层次理论的对领导至关重要。

1. 团队和企业并不能一直为其员工提供满足第四和第五级需求的机会，特别是对于那些职位较低、从事规律性强或有硬性规定的工种。这些员工的行为很大程度上受到了岗位的限制，因此在自我做主、决策和主动选择方面就受到了很大局限。

2. 当领导任意行使其权力时，团队成员可能会感到害怕或在工作中有持续的不安全感。由于他们安全的需求不能得到满足，会一直被困在需求的第二层次，因此自身没有动力来实现和满足他们的社会需求以及对自己能力的接纳和尊重的需求。

第二章　成为领导并不意味着你就是领导

3. 不同的团队成员可能会在相同时间或相同情况下有不同层次的需求。在一个工作会议上，有一位员工可能会觉得很累（第一层次需求）；另一位可能希望整个团队尽快完成工作（第四层次需求）；还有其他员工可能在互相聊天和开玩笑（第三层次需求）。

4. 在我们当今资源丰富的社会中，第一和第二层次的需求并不能成为激励员工的因素，因为绝大多数员工的生理需求已经得到了满足（比如最低工资的法律规定），而且没有经常觉得可能会被解雇的不安全感（比如工会组织的保护）。这就是为什么当领导试图通过警告或威胁员工会被解雇，试图激发或控制他们的时候，这些手段很少奏效。

5. 如果员工在工作中没机会满足他们第三、第四和第五层次的需求，他们将寻求工作以外的其他机会以满足他们接纳的需求、尊重的需求和自我实现的需求（通过运动、爱好和参与俱乐部等形式）。这就是为什么许多员工只用了一部分精力在工作中，仅求保住自己的饭碗，得到相应薪水；此外，他们觉得企业与我无关或参与感很低。

6. 只有一位了解其团队成员下列需求的领导，才能更好地调动和激励其团队的积极性，达到更高的目标，完成更艰巨的任务（第四层次的需求）：（a）得到公平的薪资；（b）对工作有安全感；（c）该团队提供了他们满足社会交往、建立友谊和被理解和接纳的需求（满足了第一、第二和第三层次的需求）。

7. 对团队成员来说，一位好的领导会鼓励他们参与团队问题处理和决策。这种参与将给予员工很多的机会来满足其对社会交往和互动的需求（第三层次需求）；满足他们对被尊重和身份地位的需求（第四层次需求），个别时候甚至可以满足其自我实现和发展的需求（第五层次需求）。

马斯洛的需求层次理论为领导提供了更多洞察团队成员需求的途径。它是对弗雷德里克·赫茨伯格的双因素激励理论研究的发展。它收集了两个相对独立因素的证据：（1）在团队运作下，某些因素成为满足需求的障碍，进而形成对员工的刺激或"不满意因素"；（2）其他因素被视为需求满足的提供者，即满足需求的条件或"满意因素"。

需求满足的障碍（"不满意因素"）表现为：

1. 与上司关系紧张。

2. 与同事之间的人际关系差。

3. 缺乏技术监督。

4. 公司规章制度和管理不完善。

5. 工作条件差。

6. 员工个人生活中的问题。

第二章　成为领导并不意味着你就是领导

需求满足的提供者（"满意因素"）包括：

1. 成就感。

2. 接纳。

3. 工作本身。

4. 责任。

5. 进步。

没什么令人不满意之处的情况很少会让员工满意。例如，良好的工作条件很少让员工感到满意。然而，恶劣的工作条件确实让员工感到不满意。只有令人满意之处（例如成就感、被接纳等）才会让员工感到满意。

这些研究成果强烈建议——且对领导至关重要——为了使团队成员有动力提高工作效率并从中感到满意，工作本身必须是有回报的。这份工作必须为员工的成长、责任感、被接纳和进步提供一定的机会。这些要求与马斯洛的需求层次论中的第三、第四和第五层次需求非常相近，也为我前面提到的理论提供了进一步的支持论据，即高效能领导需要学习良好的技巧和方法，才能够满足团队成员最高级别的需求，即从工作中的成就得到尊重、接纳以及自我价值实现（利用了自己潜能的感觉）。这些技巧和方法将在随后的章节中详细描述。

这些重要的发现可能对企业中任较低职务的员工不适用。如果他们的第一和第二层次需求不能得到满足（工资低、工作不稳定），他们可能有强烈的被剥削感。因此，这些团队的领导们永远不能忽视团队成员对工资分配不满或感到工作不稳定的迹象。

一位在得州仪器公司任职的行业心理学家，M. 斯科特·迈尔斯，开展了一项为期六年的调查研究，最终获得了与赫茨伯格相似的结论。这些结论发表在《哈佛商业评论》上，总结如下：

> 是什么激励员工有效地工作？是一份具有挑战性的工作，它使员工具有成就感、责任感、成长感、进步感，员工在享受工作本身乐趣的同时也获得了他人的认可。
>
> 是什么造成了员工的不满呢？主要是工作的外围因素——工作规章制度、工作区域照明、休息时间、职称、资历、工资、福利等。
>
> 员工什么时候会产生不满？当获得重要成就的机会消失后，他们就开始对工作环境变得敏感并且变得挑剔。

迈尔斯，像赫茨伯格一样，确定了管理者必须满足员工的两种需求，并将它们命名为以任务为中心的"动力需求"和与工作外围相关的"维护需求"。

迈尔斯的研究进一步验证了我一直强调的观点：有效能的领导必须同时具有任务专家的技巧（规划和组织工作的技巧）及人际关系专家的技巧（发现和解决团队成员不满意的来源）。高效能领导是同时

第二章　成为领导并不意味着你就是领导

以任务和人为中心的。所有员工都会希望在不损害自我价值或自尊的前提下，加入一个成功的团队。

领导是问题的解决者

上述研究对我认为的领导主要作用是促进解决问题这一观点也很有帮助。团队需要一位领导来解决他们的问题。有人可能会说，一个完全没有问题的团队甚至不需要领导——至少不是一直需要。如果一个团队总是能够有序和高效地工作，其团队成员总是具有成就感、团队凝聚力、高度自尊和个人价值，显然不需要一个"主管"。只有当团队有问题的时候，他们才迫切需要领导——当团队成员的个人需求不能得到满足，或由于团队未能实现企业目标而导致领导出现问题的时候。

我设计了一个演示图，称之为行为窗口，来显示这两种问题之间的关系。它将帮助你把马斯洛和赫茨伯格的所有结论联系在一起。即把自己放在团队领导的位置，想象自己观察团队里的一位成员时，她的行为将永远通过一个矩形的窗口展现在你面前。现在想象一下，窗口有两格或两部分：一个表示团队成员的可接纳行为，因为她的行为没给你带来任何问题（窗口的顶部），另一个为不能接纳的行为，因为她的行为给你带来了问题（窗口的底部）。

凯丽是你的团队成员之一，她正在办公桌前努力完成工作。因为

沟通力成就领导力

这种行为不会带给你任何问题，你可以把凯丽的行为放置在行为窗口上半部：

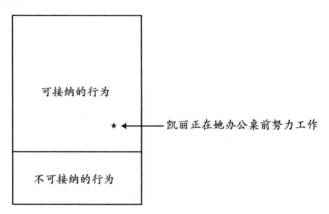

另一位团队成员杰瑞，最近一直到你办公室早汇报晚请示。你觉得他完全有独立解决问题的能力，因此这是在浪费你的时间（同时浪费他自己的时间）。你感觉他对你表现出过度的依赖，这个特定的行为是不可接纳行为，所以你在窗口的下半部可找到杰瑞的行为标示：

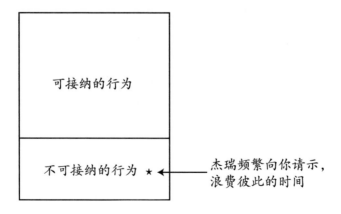

第二章　成为领导并不意味着你就是领导

可以看到，这是一个考量所有团队成员行为的有用方法。首先，它强迫你认识到自己对某一特定行为的真实感受：你接纳此行为还是不接纳？同时当另一个人的行为导致你出现问题时，它也会发出信号。但它还没有告诉你该如何应对。稍后，在第六章中会提到应对的技巧。

你还应该知道，在你的行为窗口中，划分两个区域的接纳线并不是静止的。它经常根据下面不同的情况上下移动：（1）你正在经历的事情（你今天的感觉）。（2）你在哪里（行为发生的特定环境）。（3）不同成员的不同特征（有些人比其他人更容易被接纳）。

举个例子，当你休息得很好并自我感觉良好的时候，团队成员的绝大多数行为都位于你行为窗口的上半部的可接纳行为，如下所示：

"好"的一天

如果你感到非常疲惫，甚至觉得自己已经感冒了，同时又对你正在写的演讲稿很不满意，你的行为窗口看起来可能是这样的：

```
┌─────────────────┐
│                 │
│   可接纳的行为    │
│                 │
├─────────────────┤
│                 │
│                 │
│  不可接纳的行为   │
│                 │
│                 │
└─────────────────┘
     "坏"的一天
```

还有其他人的行为发生的地点也会明显影响你行为窗口的认知。例如,在公司的圣诞聚会上,你会将每位团队成员的行为更多地归纳为窗口上半部分的可接纳行为:

```
┌─────────────────┐
│                 │
│                 │
│   可接纳的行为    │
│                 │
│                 │
├─────────────────┤
│  不可接纳的行为   │
└─────────────────┘
      公司聚会
```

在这种环境下,团队成员因为多喝了几杯而大声喧哗的行为是完

第二章 成为领导并不意味着你就是领导

全可以接纳的;显然,同样的行为在正常工作时间是不可接纳的。

当然,你的行为窗口也将受到其他人特性的影响。相比较一个新的员工,你可能更容易接受一个在公司任职时间较长的老员工的习惯性行为:

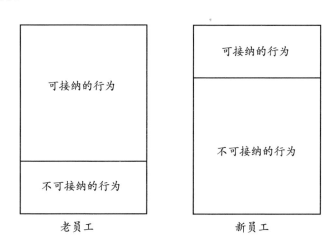

你的行为窗口告诉你,你不可能对每位团队成员行为的接纳保持"一致"。你是人,你的人性感知(对事物接纳或不接纳)在每一天,在遇到不同情况、遇到不同的人时都会发生变化。但很多人一旦被提升到领导职位,担任领导角色后,就觉得需要压制或隐藏自己人性的感知,需要对任何事、任何人都保持一致性。

团队成员的行为也可以代入行为窗口来解析。作为领导,你所观察到的团队成员的特定行为暗示着他们可能遇到了不能满足自己需求的问题。这种行为可能不会导致你出现问题,至少不是具体或确定的

问题。但很显然,你的团队成员正在经历某种个人问题——一些需求未得到满足或被剥夺的问题。你通常会得到一些口头线索,如:

"我很沮丧"或"我非常生气"。

"我不高兴"或"我不满意"。

"倒霉的一天!"或"我应该躺在床上!"

"见鬼的公司!"或"他们到底期望我们做多少事情?"

有时他们问题的线索可能是以间接的行为表现出来,例如:

看起来沉闷或沮丧。

看起来很紧张,容易激动和过度敏感。

避免与你说话。

不看你的眼睛。

行为举止看起来紧张、恐惧或焦虑。

经常攥紧拳头。

走神或容易忘记事情。

这些行为属于行为窗口的特殊区域,可以标识为"表明团队成员在问题区的行为":

第二章　成为领导并不意味着你就是领导

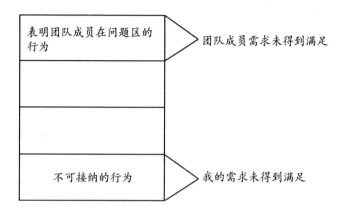

为了保持一致，我们应该重新标识行为窗口的第三部分，"导致我在问题区的行为"：

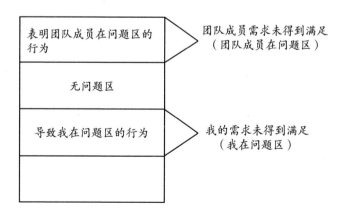

在我们未提及另一种状况前，此行为窗口仍然不完整。有时显而

沟通力成就领导力

易见的是你和团队成员都在问题区或有相同的矛盾。在这些时候,你们双方都感受到了不被接纳和不满的情绪。通常,当你或团体成员向另一方表达自己的需求未得到满足时,矛盾的存在就变得很明显。例如:

你的经理希望你担任一个新项目的负责人,但你已经感觉工作量过大了。

你觉得你应该加薪,你的老板不同意。

你们在规划今年的家庭度假计划,你的配偶想去野营,而你想看望自己的父母。

这种冲突属于行为窗口的最底层。

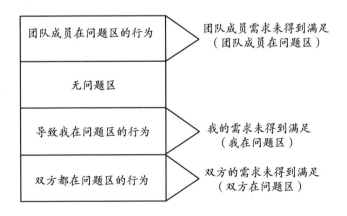

这留下了矩形的中间区域——我称之为无问题区——团队成员的行为表示他们没有在问题区,而且不会导致你进入问题区。双方的需

第二章 成为领导并不意味着你就是领导

求都得到满足的行为可以放置在无问题区:即"相互需求满足"区。正因为领导和团队成员之间没有任何问题,因此这是提高效率、更好完成工作的最佳时期①。

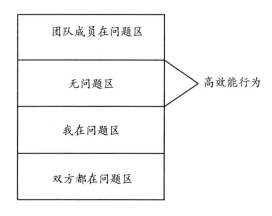

我们现在可以用不同的术语来重申高效能领导的主要职能:最大限度增加高效工作时间,并实现相互需求的满足。

在此之后,领导的基本任务就是在下列三种情况发生时,立即启动问题解决程序:团队成员在问题区、领导在问题区、双方都在问题区。启动问题解决程序的目标是扩展无问题区,换而言之,增加高效工作时间。但一定要记住:有效地处理这三种情况需要三种不同的技巧:

---

① 我用"高效工作"一词泛指为实现团队目标的所有必要活动。在一个休闲娱乐公司里,高效工作时间甚至可能是"玩"的时间。

沟通力成就领导力

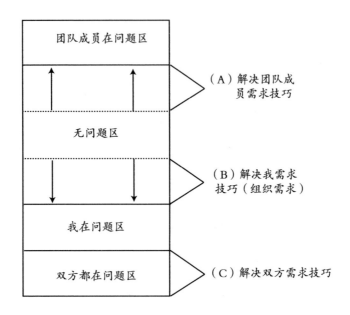

行为窗口还提供了对我早期研究成果口头描述的直观图示：高效能领导需要同时满足团队成员和组织的需求。此行为窗口也充分表现和强调了我对领导的结论性定义，即高效能领导的主要功能是解决问题。

行为窗口顶部和底部留下的问题区域很直观地表明，领导永远不能满足团队成员所有未被满足的需求（或问题），也不可能让团队成员自身所有的问题（和企业所有的问题）得到解决。虽然这是个值得努力的理想状态，但没有领导可以做到这点，至少在我知道的企业中没有。

第二章　成为领导并不意味着你就是领导

确定问题归属权

行为窗口可以帮助你在任何既定时间确定哪个人有未满足的需求——哪个人有阻碍高效工作的问题。

行为窗口的目的是帮助领导意识到问题的存在,进行诊断,并找到最好的举措使各方关系回到平衡点,以便持续高效地工作。

现在,利用行为窗口来检查一下你是否可以准确地判断以下问题的归属权:在行为窗口的适当区域定位每个行为,在其中放置一个B,例如,第一种情况将显示为B_1等。建议如下图放置。

1. 你的一位团队成员没有准备在项目会议上提供一些所需要的信息。

2. 你的同事告诉你,她很担心即将进行的绩效考核。

3. 你的团队在小组会议上进行了激烈的讨论。

4. 一位团队成员在工作高峰期要请六个月的产假。

5. 你想在年底之前推出一个新产品;营销经理希望有更多的时间来开发一个新的促销活动。这意味着新产品发布将推后四个月。

领导效能训练

```
┌─────────────────────────┐
│  团队成员在问题区         │
│  行为表明他人有未被满足的需求 │
├─────────────────────────┤
│                         │
│        无问题区          │
│                         │──── 行为接纳线
├─────────────────────────┤
│       我在问题区         │
│  不能接受的行为影响到我的   │
│         需求 B₁          │
├─────────────────────────┤
│      双方在问题区         │
│   双方都有未被满足的需求   │
└─────────────────────────┘
```

B5
B4
B3
B2

第三章

单打独斗——或请团队协助

第三章　单打独斗——或请团队协助

在成为一名领导的过程中，很少有人能够抵抗抓住机会大显身手的诱惑，很快就投身到独自解决所有问题的过程当中。可以理解的是，大多数新任领导最关切的是尽快向提拔他的人证明，他们的选择是正确的。新任领导想要建立自己的信誉，而且越快越好。毕竟，如果不马上进入角色和"掌控"局面怎么能称为领导呢？在军队里，这一表达被称为"指挥"。

不幸的是，急于掌控可能会让新任领导陷入水深火热的境地。急于快速变革，立即解决遗留问题，并大幅提高效率，通常会让新任领导们陷入著名的"新扫帚"的诱惑，即怀着很高的期望，清扫组织的前老板遗留下的残局。然而，如果没有团队成员们的支持和配合，没几个领导可以仅凭一己之力实现这些目标。然而，团队配合的意愿和企业既定的目标都不可能瞬间实现。团队联合抵制变革，顽固地坚守自己的习惯，这些"群体规范"已经对团队成员的行为产生了强烈的影响。

举例说明，团队一般会形成自己的一些标准规范，例如什么是"一天正常工作量"或"高效率规范"，团队成员们对此都很清楚，并且

沟通力成就领导力

在团队内部具有正式的约束力。任何一个威胁此标准规范的行为，就会被团队成员们强烈抵制，尤其当领导的行为被视为武断的时候。

从另一个角度看，这些来自团队内部的阻力也解释了"公平交换"的概念。团队对领导的强烈抵制很可能会破坏公平的成本/效益比率——比如，对岗位投入的精力（成本）与得到公平的福利（例如薪资）的比率关系。一个新领导的"新扫帚"理念可能会被视为扰乱了这一比例关系，而该团队成员们则希望通过保护自己而免受企业的不公平待遇。

如果新任领导任意或单方面制定了新的方法和程序，团队成员的抵制就会特别的明显。我们知道人们都习惯于以某种方式做事，所以当他们不得不学习一种新的方法时，往往需要付出更多的精力。然而，团队成员们并无意愿配合这种精力的付出。

许多渴望成功的新任领导常采取一种警惕的"过度关注"方式——他们会密切关注团队成员，所有举动都逃脱不了他们的监视，好像"每件事都在领导监管下"就没人会犯错误。类似的"过度监管"有很多种形式，例如：

需要详细的活动或进度报告；

要求团队成员在发出合同、实施计划或做出决定前得到领导的批准；

接管以前分配给小组成员的任务，以确保他们做法"正确"；

第三章 单打独斗——或请团队协助

团队成员需要"通过领导批准"后，才能与其他团队沟通接触。

过度监管带来的负面影响之一是对领导专横独断的抱怨。另一个负面影响是对新要求的消极抵制（活动报告不知何故没有交上来）。对团队来说更糟糕的是过度监管将使成员对领导的依赖性加大。他们开始带着每个问题来寻求领导的帮助，自我激励机制下降，主动性受到抑制，他们不会在工作中成长。领导也将很快发现自身工作超负荷，自己必须做所有的工作，最终导致团队变成了"单兵作战"模式。采取过度监管的新领导在其新工作岗位上最终会发现他们没有利用团队的资源，结果只是自己在单打独斗。

"集体的智慧"

作为具有解决问题能力的高效能领导，我必须强调，他们不必独自承担解决问题的全部责任。相反，他们可以充分利用团队成员的资源来帮助解决问题。至少在理论上，理想的团队是在面对问题时，能够充分调动每位成员的创造性资源（包括领导的资源）找到最佳解决方案。并非每位成员都需要参与所有问题的解决，但在理想的团队中，在适当或必要的时候，所有团队成员的资源都是可以被调动的。

作为很多企业的咨询顾问，经验告诉我，大多数领导大大低估了团队成员们尚未被发掘出的丰富知识、理念和创造力。此外，我个人

沟通力成就领导力

在自己公司内部，几乎每天都能亲眼看到"集体智慧"的案例。但这并不意味着整个团队的资源都必须为每一个问题服务。我可以指定不同的团队成员在不同的时间来解决不同的问题——有时需要一位成员，有时需要几位，只有很少的问题需要整个团队的参与。

我并非唯一认识到集体智慧力量的人。K.K. 帕洛夫，一位曾就职于通用电气公司负责研发的工程师，曾经写到"集体天才"对公司几个大型电力变压器设计项目的集体贡献：

> 如果企业在面对各种各样的问题时，没有能力将其多样化的各部门资源整合归一，这些成就就不可能实现……因为无法得到足够的"全方位天才"，工业管理部和所有同事们都必须接受自己和同事们不完美的事实。

阿尔弗雷德·马洛，在担任哈伍德制造公司董事会主席时，对企业协同合作得出这样的结论：

> 曾经有段时间，公司的档案管理员和高管之间所受教育的差距非常大。这不再是事实，在未来的岁月里，这些差距将明显缩小……现在人们普遍认为员工比他们的上司在技术操作上更为熟练……
>
> 今天，一个尽职尽责的执行官面临的最大挑战是员工的协同

第三章 单打独斗——或请团队协助

合作,尤其是他的管理团队。他必须把自己的团队塑造成一个高效能团队,以各自的方式指引公司、鼓励合作,而非"人人为己"。

阿尔菲·科恩在其著作《没有竞赛》中提出:"经常性的——比我们以为的还要经常——协同合作充分利用了每位成员的技能,互动使每个人的能力都得到了提升,这是一个神秘的但不可否认的过程。"

今天很少有人质疑,领导是否应该调动团队成员的创新性资源来解决问题。很多高效能领导已经在通过正式(如员工会议)或非正式的方式落实此项措施。关键的问题是:什么时候请求团队成员参与?选谁参与?什么样的问题需要团队资源?如何以及由谁做出最终决策?如何化解冲突?……我稍后会详细讨论这些问题,并提供处理这些问题的技巧和方法。

为什么要组建团队?

有些领导采用非正式的方式按需指派一些成员参与问题解决,而不是有意识地尝试把整个团队塑造为一个解决问题的决策性"管理型团队"。为了实现这一目标,领导需要采取更多合理的步骤,同时需要学会如何召集有效的员工会议(见第七章举行决策会议所需的特定技巧）。

建立管理型团队的必要性是领导效能的核心观点。许多具有说服力的论证可以支持这一观点：

1. 如果一个企业的员工参与到企业目标制定和执行中，他们会更加认同企业的目标，关注企业的成功。

2. 作为管理团队的一员，小组成员会感到对自己的生活有更多的掌控，而且不会再畏惧领导的专横独断。

3. 当小组成员参与解决团队的问题后，他们会更多地了解问题的技术复杂性；他们不仅互相学习，同时也向领导学习。建立管理型团队是最好的员工持续发展模式（在职训练）。

4. 参与管理为团队成员提供了很多满足他们更高层次需求的机会，包括被尊重、被接纳和自我实现。

5. 一个管理型团队有助于打破成员和领导之间的等级差异，从而促进成员和领导之间更加公开和坦诚的沟通。

6. 一个管理型团队将成为体现领导行为的主要载体，团队成员可以借此学习到与团队其他人相处的适当行为。只有这样，领导效能才能在组织架构中逐层向下传递。

7. 更高质量的决策往往是由于发挥了团队的综合资源。

对于"管理型团队"概念存在着相当普遍的误解。我使用此术语

第三章 单打独斗——或请团队协助

的含义是将整个工作团队视为一个整体（而非个人的集合体），根据其在组织架构中的地位，在其自由管辖范围内进行自我管理。一个组织的负责人和所有向他直接汇报的管理人员组成一个管理团队。主管和所有向他汇报的员工也是一个管理团队。大型组织由多个或多个环环相扣的管理团队组成，如下图所示：

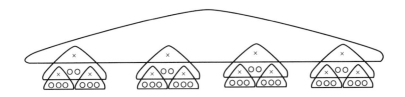

在这个图形中，企业的每位成员都属于一个管理团队，一些员工（称为"连接销"）同时属于两个团队。在一个团队中，他是位领导；在另一个团队中，他是成员。"连接销"由 × 表示。

在后续的章节中将讲到，管理团队的成功将在很大程度上取决于领导的下述能力：（1）培养团队内部公开真诚的沟通风格。（2）解决冲突，没有人会输（"无输家法"）。（3）召集高效决策会议。（4）成为一位有效的"任务专家"以及"人际关系专家"。（5）作为团队的领导又是上级团队的成员时，可成为本团队强大有效的支持者。

团队建设和有效团队运作最重要的一点就是领导能够成功地扫除自己和团队成员之间的障碍。没有其他概念比这点更重要。这正是我对领导效能定义的核心。简而言之：高效能领导的行为看起来应该与

沟通力成就领导力

其他团队成员行为基本一致；同时他们必须帮助所有成员感到可以和领导一样自由地为团队做贡献。

如果领导想成功地建立一个高效能的团队，就必须学会营造一种允许团队成员自由发言、提出建议、积极参与解决问题和敢于批评领导的氛围。领导必须避免因为与团队成员之间地位差异而造成优越感的行为：高傲的态度、傲慢的举止、滥用职权。研究表明，这样的行为会减少领导和团队成员之间的互动，因为弱小方一般都会远离强大方。团队成员们一般会远离使他们感到自身能力不够或降低自尊的领导们。

高效能领导的行为很像团队的一员，同时高效团队成员的行为很像一位领导，这听起来很像一个悖论。一个团队高效性最可靠的标志就是当一个开始被视为领导的人，而后被认为是团队中的一员。在一个高效能团队中，所有成员的贡献都要根据其业绩而非声望来进行评价。只有当领导的行为举止像一个团队成员时，他自己的贡献才能被接纳或拒绝，就像其他成员一样完全是基于业绩。只有这样，团队成员才能自由地对领导说"这是一个好主意"，而非"这应该是一个好主意，因为是领导提出的"。

当领导具有了"另一团队成员"的身份，他们实际上会增加对团队的贡献，因为他们的意见会像其他成员的意见一样得到评判。一开始这看起来似乎完全不合常理，因为我们通常认为，领导地位带来的

第三章 单打独斗——或请团队协助

威望和权力会让领导带给团队更积极的影响。一个真实案例就可以推翻这种传统的观点。我们知道，相比任何其他团队的成员，领导确实能带给团队更多的影响。但到底是什么样的影响呢？

一方面，领导的贡献往往被其他成员不加评判地全盘接受，因为他们觉得领导肯定知道得比他们多。因此，如果领导的贡献并非完美（对大多数领导来说这是肯定的），该团队的总体效率就会降低。我们也知道，有时领导的贡献被拒绝仅仅因为他们是领导。这是一种常见的反权威式反应——就像孩子们对自己的父母总是有"负面反应"一样。如果领导的一些很好的想法被团队拒绝，随之产生的净效应就会持续降低团队的总体效能。这就是为什么如果领导能降低或消除因为地位或声望带来的与团队成员的差异，就会获得更多的自由，做出对团队更有益的贡献。如果他们成功地减少了差异，成为一位高效能团队成员，他们就会在其专业知识或经验适用的领域对团队做出更多贡献。

谁负责？

许多领导反对建立管理型团队的理念，因为他们觉得自己是负责团队最终成功或失败的人，因此他们必须制定所有决策和发号施令。

显然，在正式组织机构中的领导确实要为自己团队的业绩负责，虽然我更喜欢用"担当"而非"负责"。当然，如果一个团队没有满足企业的需求，领导不能指望自己的老板把所有的责任归咎于团队成员。领导要担当责任，而非团队。

哈里·S.杜鲁门书桌上的牌匾，"鹿啊，停留在这里吧"，适合放在所有领导的桌子上。他们必须为他们领导的团队负责（他们确实不能为每位组员承担负责，在现实里每位组员必须对自己负责）。

然而，领导可以决定为团队成员参与制定的决策而负责，就像单打独斗的领导对自己做出的决策负责任一样。那么，如何做出决策，就不是领导的责任了。那些有意识地让团队成员参与决策制定的领导之所以鼓励成员参与，是因为觉得这样可以得到高质量的决策，并愿意为此担当。

然而，关于集体决策的质量，领导之间存在着很大的争议。团队成员参与决策和解决问题真的会产生高质量的决定吗？一些领导们认为集体参与无法做出好的决策；他们引用了一个过分的玩笑作为比喻"骆驼是委员会创造的马"。对一些领导而言，一个团队能够做出明智的决定是不可想象的。对他们来说，明智的决定只能由明智的领导做出。

首先，此问题的提出就不正确。主要争论的焦点通常是：最好的决策是由团队成员还是由领导做出的。在这样的争论中，团队成员与领导将成为矛盾双方，而且团队成员并不占上风，因为领导往往比团队成员有更多的信息或经验。

第三章 单打独斗——或请团队协助

让我重新换个方式提问：一个领导（在没有团队资源的前提下）能否做出比团队（包括领导自己在内）更加明智的决策？现在我们把团队所有的资源来和领导自己有限的资源进行对比。如果我们把这个问题放在家庭中，普遍接受的"父亲知道最多"的理念可能会受到一位有洞察力的青少年的挑战，他可能反驳道："是的，但是父亲知道的会比父亲和孩子加起来的还要多吗？"

就算在我们集结了团队各个成员的资源来解决问题和制定决策的时候，也不能保证所有的解决方案和决策都是最好的。因此当领导单独解决问题或做出决策时，情况也通常如此。团队的解决方案和决策，就如同个人的解决方案和决策，可以涵盖从坏到好的很大范畴。在第七章中，我将提供具体的方法来提高团体问题解决的有效性，以便有可能得到更高质量的决策。

不要解决问题，确保问题得到解决

在第二章中我强调的是，高效能领导应该拥有善于解决问题的技巧，但这并不意味着领导必须拿出最多的解决方案，即使有些人愿意承担这沉重的责任，并对没有问题能逃脱他们的法眼而感到自豪。这个状态意味着付出高昂代价。这类领导最终上演着"独角戏"，并管理着那些由于没有空间提高解决问题能力的依赖性强的小组成员们。

沟通力成就领导力

常识告诉我们，没有一位领导可以知道所有的答案。在大多数团队中，问题过多、过于复杂，以至于无法仅仅依靠领导的个人资源来解决。这对于技术（与工作有关的）问题与人际问题都一样。人际问题往往更加复杂——特别当它涉及一位成员的个人问题或两位成员间的人际冲突时。

一个高效能团队领导，并不需要解决问题，而是要确保它们得到解决。有效能的领导不是善于解决问题的人，而是解决问题的促成者。领导效能这个概念的核心是要求领导明白解决问题是一个过程，他必须学习一定的技巧才能启动此过程并成功地完成问题的解决。

解决问题的过程包括六个独立的步骤：

1. 问题识别和界定。

2. 生成替代解决方案。

3. 评估替代方案。

4. 决策。

5. 执行决策。

6. 解决方案的跟进与评估。

在第七章中，我将演示一位领导如何促成团队成员参与问题解决的某一步或所有步骤。显然，领导要帮助识别和界定团队中的问题（第一步），因为成员们经常不知道问题所在。为了激发大家寻

第三章 单打独斗——或请团队协助

求替代性解决方案（第二步），领导应该给予团队成员机会，通过很多组织中经常使用的头脑风暴会议，来寻求创造性的解决方案。第三步利用团队成员的各种经验及他们的认知能力，评估替代方案的相对价值。当在第四步中选择"最佳解决方案"并做出承诺时，往往需要团队所有成员的智慧。第五步团队的参与通常至关重要，因为很多决策必须由团队成员执行，并且在决定谁什么时候做什么时，他们要给出自己的意见。在第六步，为了评估问题是否得到妥善的解决，团队成员们不仅需要跟踪解决方案的执行，而且需要收集所需的数据进行方案评估。

对于某些问题，尤其是某位团队成员拥有的个人问题，领导不需直接参与解决问题的过程，而是主要充当成员自己解决问题过程中的辅导员——如同一位专业咨询师帮助别人解决个人问题一样，"告诉"他如何通过上述六步独立解决问题。在下一章节中，我将解释领导的辅导员功能，并描述积极倾听的技巧，这可以让人们有效地解决自己的问题。

当领导掌握了解决问题的技巧并成为一位解决问题的促进者（确保问题解决），他们的工作将变得更容易。因为他们不需要尝试去解决所有问题——这要求一位领导知道必须无所不知、无所不能，具有超常的智慧或不可思议的知识和经验。我一再强调，一位高效能领导必须学会如何让团队成员开始自己解决问题：如何建立一个解决问题的团队，如何及何时调动团队成员的创新资源，以及如何使团队成员与领导之间建立亲近的人际关系。与成为一个超人领导的目标相比，这些目标都是更容易实现的。

第四章

协助团队成员解决问题的技巧

第四章 协助团队成员解决问题的技巧

当团队成员在试图满足自身各种需求的过程中遇到问题时,团队的整体效能必然会受到影响。毫无疑问,当人们对某些事情感到困扰或不满时,就会影响他们的工作。有些人可能会分散注意力;有些人可能花过多的时间抱怨或抓住其他团队成员倾诉;还有些人因此造成工作上的失误,因而失去工作的动力;另一些人可能会大量减少与领导或其他同事的沟通。显然,如果领导能尽快察觉到团体成员出现问题的症状——包括个人问题及与工作相关的问题——那他们就可以采取相应的措施,帮助成员们解决问题并恢复高效工作。

众所周知,没人会自由公开地与他人分享自己的个人问题。有时候我们自己也不清楚到底困扰我们的问题是什么,公开表达自己的感受比较困难。对他人承认自己碰到问题也不容易,因为我们害怕别人对自己的烦恼和愤怒进行负面评判。尤其当对方是领导的时候,这类阻碍就特别明显。因而,当团队成员遇到个人问题时,通常不会马上和领导沟通,而且基本上永远不会和领导沟通。

即使团队成员鼓足勇气与领导分享自己的个人问题,他们通常也不会发送非常清晰的信息。然而,当人们有未被满足的需求或对某件

事物不满意时,他们会给出一些提示和线索,例如:

完全不想与人沟通。

生闷气。

回避你。

过度旷工。

异常烦躁。

不像往常一样微笑。

经常走神。

迟到。

看起来很沮丧或郁闷。

变得言辞讥讽。

走得很慢(或很快)。

懒散地瘫坐在椅子上。

这种提示和线索——或者我称之为"提示行为"是提醒你问题出现了。回想前面章节中提到的行为窗口,当一位成员的行为表明他有问题,这属于行为窗口的顶层:

第四章 协助团队成员解决问题的技巧

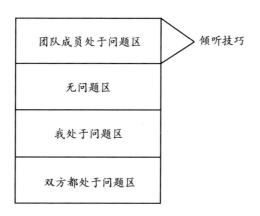

虽然成员发出的信号让你知道问题的存在，但他们很少告诉你这个问题的性质。让团队成员们自己找到问题所在——则是个更艰巨的任务，通常会碰到更多的阻碍。即使那些平时非常容易与人直接开放交流的小组成员，也很少能够立即识别问题所在。通常情况下，人们都需要发泄自己的情绪，或者抱怨一番后，才能真正地面对问题，比如：

"我真的很生气！"

"今天应该躺在床上什么事都不做。"

"那个采购部门的人疯了！"

"哦，就当我什么都没说好了。"

"别管我的事，可以吗？"

"不是这件事出问题，就是那件事出问题。"

"如果没有足够的信息，你让我怎么工作？"

沟通力成就领导力

"我不能忍受瓦莱丽在会议中的行为!"

"我有时候觉得辞职算了。"

重要的是,人们从来不了解另外一个人正在经历什么,因为没人可以钻进另一个人的脑子里。你可以做的无非就是根据你听到的信息和看见的行为进行分析,猜测另一个人到底在经历什么。这个理解别人的过程包括几个步骤。首先,信息发送者有一种感觉——对某件事不满,自己内心的不平衡或自由被剥夺:

接收者不可能知道发送者"个人世界的感受",但是如果发信息人想要分享它,则必须先选择一个适当的代码来表达或象征内心的感觉:

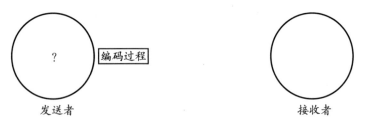

接下来,发送者发送该代码(假设这是一个口头信息):

第四章 协助团队成员解决问题的技巧

当接到这个特定的代码时,作为接收者,你必须开始解码的过程:你可以从信息中猜测或推断发送者内心活动。如果你猜测是发送者感到非常失望:

这个人际沟通过程的视觉图主要想表达沟通并不是人们普遍认为的仅仅包含了信息传递过程。实际上,它包括发送者的表达和接收者的印象。只有当下面的等式成立时:

$$印象 = 表达$$

有效或者完全沟通才能发生。只有接收者的印象(解码的结果)和发送者表达的意图非常契合的时候,才能真正理解对方意图。

很不幸,与大多数人认知不同的是,真正理解对方的有效沟通是非常罕见的,原因如下:

人们并不觉得可以自由地说出他们真正的感受。

人们并不总是能发觉自己真实的情感。

有些感受很难用语言描述（很难找到正确的代码）。

相同的词（或代码）对不同的人有不同的含义。

我们有时只听到想要听到的声音（我们有选择地解码）。

接收者经常忙于思考自己下面要说的话，他们根本没有对发送者的消息进行解码（因此他们无法理解）。

发送者不知道接收者解码是否正确。

接收者无法确定自己的解码是否正确。

虽然这些原因让真正理解另一方变得很困难，但近些年来，我们得到了很多机会来学习如何让印象＝表达。而且我们也非常清醒地认识到其中存在的障碍。

首先要提醒一下：我们面对的是人们在出现问题时的初始表达——给出提示和线索或发送简短开放的感受信息。它们离问题解决过程的开始还有很长一段距离。领导的任务是帮助团队成员启动问题解决程序，并运用技巧来辅助他们独立完成问题解决的六个独立步骤：

I. 找出并界定问题。

II. 生成替代解决方案。

III. 评估替代解决方案。

第四章　协助团队成员解决问题的技巧

IV. 做决定。

V. 实施决定。

VI. 跟踪并评估解决方案。

再次强调，领导的目标是见证问题得到解决。

辅助问题解决的应答

门把手

当一个人发出一个简短的开放性感受信息后，这个线索告诉接收者，发送信息的人有问题了。"受助者"通常不会进入解决问题的过程，除非接收者发出邀请——给受助者转动了门把手：

"你想谈谈这件事吗？"

"我可以帮忙解决这个问题吗？"

"我有兴趣听听你的感受。"

"如果和我谈谈，对你有帮助吗？"

"有时把事情说出来会好一些。"

"如果能帮什么忙的话，我一定会的。"

"跟我说说吧。"

"如果你有时间我就有时间。想聊聊吗？"

沟通力成就领导力

一般来说，有问题的人都害怕把自己的烦恼强加于人——怕浪费别人的时间，增加他人的"负担"，"卸下"自己的问题强加给别人。他们通常需要某种方式来确认倾听者想帮忙的意愿。这些应答可以更具体地表明，倾听者"与"发送者在同一频道，不仅能倾听而且也能共情。好的倾听者总能表现出无微不至的关心。

基本倾听

众所周知，当你遇到问题并能够和一位只倾听而不评论的人倾诉，通常会鼓励你继续倾诉问题。一位倾听者愿意保持沉默通常被视为对问题有兴趣以及对你关心。沉默（或基本倾听）是一个强有力的载体，让人们愿意继续倾诉困扰他们的问题。并且，任何接受过专业咨询师咨询的人都知道，其实有时候仅一个愿意倾听的人就能鼓励我们把问题全部说出来。

理解性应答

大多数有问题的人需要从倾听者那里获取沉默以外的更多东西。他们需要证明倾听者在倾听，而不是在做白日梦或在想自己的事情。他们需要倾听者偶尔发出理解性应答，例如：

眼神的接触	"我明白了"
点头	"有意思"
"我明白了"	"真的"
"哦"	"是呀"

第四章 协助团队成员解决问题的技巧

"嗯嗯" "我听到你说的了"

积极倾听

虽然门把手、基本倾听和理解性应答有助于人们开始倾诉自己的问题，但它们并不能确保：

印象 = 表达

这三种技巧都不能保证倾听者了解受助人的真实需求。为了确保倾听者的印象与受助人的表达相匹配，倾听者必须启动积极倾听技巧。

让我回到上面最后一张图示，发送者选择了这个消息，"尝试改变这些做事方式有什么好处？"接收者将这个信息解码为"她很失望"。现在，假设接收者把解码后的信息反馈给发送者：

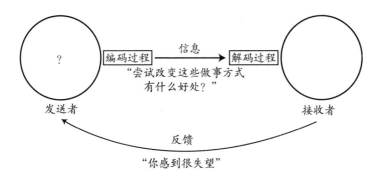

从这个反馈中，发送者得到了接收者如何解码的具体证据。听到反馈后，发送者可以确认反馈（"你理解正确"）或更正反馈（"和失望比起来，我更生气"）。发送者的确认将帮助倾听者有效判断其"印象"的准确性。发送者对反馈的更正，说明接收者的理解是错误的。

接收者解码后进行频繁和持续的反馈是"积极倾听"的精髓。我们永远不可能准确无误地了解另一个人，因此为了减少大多数人际沟通中发生的误解和分歧，我们必须验证倾听的准确性。门把手、基本倾听和理解性应答只显示倾听者愿意理解的意图；积极倾听则向倾听者出具了理解正确的证明。这个证明可以让发送信息者愿意继续交流，并深入了解问题。

积极倾听其实并不复杂。听众只需要用自己的语言重申他们对信息发送者的表达所产生的印象。这是一种验证：发送者是否接受我的印象？然而，学习积极倾听是一个相当艰巨的任务，需要在一段时间内进行大量的练习。从成千上万名参加过领导效能训练（L.E.T.）课程的人们的经验中得出，通过实践，大多数学员可以在几个星期内获得较好的积极倾听能力。

为了对这种应答方式更加了解，请阅读以下每条信息，并大声读出接收者的应答（这里的每个应答都是准确的）：

1. 发送者：我不知道该如何解决这个凌乱的问题。

倾听者：你肯定被如何解决这个问题给难倒了。

2. 发送者：（大声地说）为什么工程部没发给我准确的设计图？

倾听者：当你在图上发现有印刷错误时，你肯定很生气。

3. 发送者：抱歉，我没听你的。我想我可能被儿子的问题搞得头

第四章 协助团队成员解决问题的技巧

昏脑涨,格雷格。他都搞砸了。

倾听者:听起来你真的很担心他。

4. 发送者:请你不要现在来问我。

倾听者:听起来你现在真的很忙。

5. 发送者:我认为今天的会议什么都没解决!

倾听者:你对今天的会议很失望。

6. 发送者:我不明白为什么从采购部要东西的时候,每次都要填这个两页的申请表格!

倾听者:我想,你肯定觉得这样太花时间了,而且他们也不一定看。

积极倾听的理由

为了防止或最大限度地降低人与人之间沟通的误解,领导们应该具备积极倾听的能力。这是最主要的理由,当然其他的理由同样重要。

在过去的几十年里,一些心理学家一直试图找出促进个人成长和心理健康的人际关系的关键组成。这些密集的研究最初只着重于研究从事高效能专业辅导人群(顾问和心理治疗师)的特征和行为,最终研究转为对高效能教师的个人素质研究,以及对高效能婚姻伴侣和高效能父母的研究。确凿的证据表明,促进个人成长和心理健康的任何关系中,有两个要素是必不可少的——同理心和接纳。

沟通力成就领导力

同理心是让自己穿上别人的鞋子，并具备了解他人的"个人世界感受"的能力——他人如何看待现实，他人对事物的感受。积极倾听是实现此功能的重要元素。如果一个人经常处于共情氛围，他的整体心理健康和个人成长都将受益。我想主要是因为这样一种氛围有助于解决问题，能够使更多个人需求得到满足。当人们解决了问题，并满足了自身需求时，他们就会沿着马斯洛的金字塔向上追求更高层次的需求，找到自我成就和自我发展的新途径。

你可能会记得，接纳是指对别人做的事情感觉良好。"可接纳的行为"位于行为窗口的顶部：

可接纳的行为
不可接纳的行为

显然，我们没有必要改变可接纳的行为，所以我们可以接受对方在这时的所作所为（即他的行为没有妨碍我们自己的需求得到满足）。基本倾听、理解性的应答，特别是积极倾听，一起构成了接纳沟通的语言应答（或方式），因为双方沟通得非常清楚：

第四章　协助团队成员解决问题的技巧

我听到了你的感受。

我了解你如何看待事物。

我看到的就是你现在的样子。

我有兴趣了解你的问题，我关心你。

我现在了解你的问题在哪里了。

我不想改变你。

我不会评判你。

你不必担心我会责怪你。

理解性应答、积极倾听与基本倾听最明显的不同是，一些信息其实在传递倾听者试图改变受助者的愿望，即倾听者试图改变和影响受助者行为的需求。这些应答将减缓或阻碍问题的解决，这就是为什么我把它们命名为"沟通绊脚石"。此类绊脚石有 12 种。这里是具体案例：

1. 命令，指导，指挥

你必须这样做。

你不可以做这个。

我希望你这样做。

停下。

对她道歉。

2. 威胁，警告，劝告

你最好做这个，否则……

如果你不这样做的话就……

你最好不要试图做那个。

我警告你，如果你这样做……

3. 说教，道德挟持，恳求

你应该这样做。

你应该试试。

做这个是你的责任。

做这件事是你的工作。

我希望你这样做。

我敦促你这样做。

4. 建议，劝告或提议

我认为你应该做的是……

我建议……

对于你来说最好的做法是……

为什么不采取不同的方法？

最好的解决方案是……

5. 争论，说服，讲大道理

你是否意识到这一点……

第四章 协助团队成员解决问题的技巧

事实对……更有益。

让我告诉你事实。

这是正确的方法。

经验告诉我们……

6. 责备，判断，批评，不同意

你的行为很愚蠢。

你根本没想好。

你完全出格了。

你做错了。

这是一个愚蠢说法。

7. 赞美，同意，积极评价，拍马屁

你一直都有很好的判断力。

你是个很聪明的人。

你的潜力无穷。

你取得了这么多进步。

你以前都能做到。

8. 嘲讽，贴标签，羞辱

你是一个马虎的工人。

你是一个头脑不清楚的思想家。

你说话听起来像个工程师。

你真的把这件事搞砸了!

9. 分析,解释,诊断

你这样说是因为你生气。

你吃醋了。

你真正需要的是……

你对权威人物不满。

你想看起来很帅。

你有点神经病。

10. 安慰,安抚,同情,支持

明天你会感觉不一样的。

事情会变得更好的。

黎明前总是最黑暗的。

天无绝人之路。

别担心这么多。

事情没有那么糟糕。

11. 追问,质疑,讯问

你为什么这么做?

你有这样感觉多久了?

你尝试做什么来解决问题?

你有没有咨询任何人?

第四章 协助团队成员解决问题的技巧

你什么时候意识到这种感觉?

谁影响了你?

12. 转移注意力,分心,开玩笑

想想积极的一面。

休息好以前,尽量不要考虑它。

我们一起去吃午饭,把它忘了吧。

这让我想起有一次……

你以为只有你有问题啊!

这 12 类倾听者的应答都隐含了(有时候甚至是明确地表示)自己试图改变受助者的意愿。这些沟通都在向受助者传达一个意愿(甚至经常会给受助者压力):你需要重新思考、改变自己的感受或行为。这 12 类应答继而成为传递不接纳的载体。而我们知道,不接纳的氛围对于个人成长、发展和心理健康都是非常不利的。

为什么会这样呢?每当人们面对滥用职权者要求其改变时,就不能有效地解决问题。当人们受到威胁、评判、挫败或剖析的时候,自己就会随之改变。这种氛围造成了人们对变化的自然防御和抵制(即人们对第二层次安全需求的自然保护系统);与此同时,也抑制了自我表达和自我探索——而这正是解决问题的两个必要元素。

倾听是另一个帮助团队解决问题的必要元素——它有助于保持团

沟通力成就领导力

队成员解决问题的责任感(当然,这里应该是"在问题区"的团队成员)。另外,这12类绊脚石在不同程度上企图把问题从拥有者身上转移到领导的手中。

问题拥有者需要承担解决问题的责任,这点很重要,因为:

首先,领导让团队成员解决自己的问题其实是一种有益的自身投资:团队成员不再过多依赖领导,有更多自我指导、自给自足和自己解决问题的能力。

其次,领导不可能全方位了解团队成员在工作和生活中遇到的各种各样复杂的个人问题。因此,如果员工如果能够承担解决问题的责任、掌握解决问题的技巧,就为领导解开了解决员工个人问题的难题,因为领导毕竟不可能掌握足够的员工个人信息。即使受过强化训练的专业顾问们通常也会认识到,自己对问题的理解是有限的,因此尽管经常面临来自客户的巨大压力,他们不会承担提供解决方案的责任。

下面是工段班长和其主管之间的一段实际对话。注意工段班长是如何试图将责任转移给他老板的:

工段班长:我这里有个问题——今天一位小组成员来问我:为什么XX部门的员工周六来加班,我们却没有。

主管:你们组也想加班?

工段班长:啊,其实也不是这样。我没有加班费用的预算,所以想把我们部门的成本保持在一个较低的水平。但是如果XX部门的同

第四章 协助团队成员解决问题的技巧

事们在加班,我们小组的同事自然会过问。这挺自然的,您觉得呢?

主管:其实你并不想让你的小组加班,但如果XX部门的同事们来加班,你们小组的员工就自然来问你了。

工段班长:当然,这也不是我可以管的事情,但我只想陈述事实。他们组有几个游手好闲的人,一个称职的员工可以完成他们三个人一天的工作量,所以他们只好周六加班才能赶上工作进度。

主管:我了解了。你觉得如果没有这些游手好闲的人而是有称职的员工,他们组根本不需要加班。你向XX部门说了你的想法吗?

工段班长:说了有什么用吗!那么现在我来问您,您认为我说的对吗?

此位主管对这段谈话给予了评论,并解释了他拒绝把责任从员工那里转移到自己身上的理由:

> 这件事情里有很多问题都交织在一起。这位工段班长正经历着面对自己团队反应的困境。另外,他对和自己平级的另一位工段班长的举措给予了评断。然而,他不能和这位班长直接沟通。他坚持认为这是我的工作。我告诉他,我意识到他和他团队的问题很尖锐,我可以把他的问题告诉给那位工段班长,但我不会传达他对其他团队不合格员工的评判。我也提到我并不愿意用这样的沟通方式,希望有一天每位工段班长都可以毫无保留地把自己

的感受直接告诉相关的人员。我真的不知道他的判断是否合理,我也是这样告诉他的。但我表示愿意和两边的班长一起坐下来讨论这件事。这位工段班长拒绝了这个提议。

下面是另一个案例。加拿大建筑公司的一名工程师在积极倾听方面接受过训练,并坚持不懈地在团队中提倡团队成员有责任解决自己的问题。结果是:团队自己解决了问题。

领导效能训练后整整两周,在一个建筑工地,一名工程师被要求解决一个相当大的健康和安全问题。这个施工现场曾是世界上最大的水坝,并已经发生过很多的事故(近几年来心怀不满的工人带来的破坏已经造成数百万美元的损失)。

工程师飞到现场时感觉很棒,因为他刚刚学会了领导效能训练里的各种技巧。他在暗暗提醒自己:"我要倾听他们的意见!"在现场,一位主管刚刚下令让小组的工人们第二天不要去他们正常的工作岗位。同时,他们被告知去员工食堂和刚刚飞过来解决安全问题的工程师开会。有80多名工人到达食堂参加了此次会议,现场气氛很紧张。当工程师一进入会场时,就立即意识到这是一种具有潜在爆炸性的情况。"你只是一个从城市里来的工程师,你准备怎么帮助我们?"一些工人大叫起来。在接下来的两个小时,工程师只是坐在那里,并积极倾听工人们的忧虑和感受。虽然工人们一开始表现得很敌对和抵触,但

第四章　协助团队成员解决问题的技巧

他们的抵触情绪最终慢慢消退。午饭后，会议重新开始，工程师又倾听了几个小时。工人们慢慢开始感觉到他们可以成为解决方案的一部分。工程师解释道，如果两周之前他没有参加过领导效能训练，就不会知道如何应对如此敏感和尖刻的问题。"这个课程与其他培训的不同之处在于，我成功地应对了问题，而在几个星期前，我根本不知道应该怎么做！"

受训过的工程师运用了主动倾听技巧的结果是减少了与工人间的冲突，减少了工作宕机时间，减少了工伤人数。

在下面这一段主管和其团队成员的对话中可以得出一个结论，在问题拥有者承担解决问题的全部责任方面，积极倾听可以起到惊人的成效（同时也是人们在解决问题过程中自己寻求解决方案的一个催化剂）。

凯特：南希，你能用几分钟给我的问题提点建议吗？

南希：当然，凯特。我在开下个会之前还有半个小时时间，你觉得够吗？

凯特：哦，足够了。这不是一个很复杂的问题，但它开始让我头痛了。

南希：你真的觉得这件事困扰吗？

凯特：对的。我手下一名男员工让我很头痛。我不了解他到底要什么。我想也许你可能会知道对这样的人应该怎么办。

南希：你听起来真的很沮丧。

凯特：是的。我还从来没有跟这样的人打过交道。我们开始吧——如何形容他呢？首先，他很聪明——毫无疑问。麻烦的是，他认为他知道所有问题的答案。如果我给他提出建议，他总是会发现我提出的建议行不通的一些错误以及行不通的理由。

南希：当他拒绝你所有的提议时，让你感到很沮丧。

凯特：非常对！然后他通常会提出两三个他认为更好的想法，但他的想法都很不靠谱——几乎每一次他所提出的想法都与我们正在做的完全不同。或者他的提议需要我们完全改变现有方法，要么花费更多时间开发新的系统之类的东西。

南希：你觉得他的想法太局限或太独特——或者也许你想说这些建议需要改变你们部门日常工作习惯？

凯特：嗯，我不介意有建设性的提议。但他给我的感觉是——每一天我们做事的方式都是老掉牙的过时方式，就好像我们不思进取或不愿意走在别人前面一样。

南希：你不喜欢被认为是不思进取的。

凯特：对！似乎年轻的员工认为他们知道一切——每件事都需要改变。我讨厌一直听这些！好像经验就没有任何价值一样。

南希：你不喜欢听别人说你的经验一钱不值，你已经听够了他试图让你改变部门的每件事。

凯特：是的！我必须承认他的一些建议挺好，他很聪明。我只是

第四章 协助团队成员解决问题的技巧

希望能让他知道应该尊重我在这份工作中长期积累的经验,而且我们做的每件事不全都是错误的。

南希:你真的觉得他的一些想法不错,但你也希望他尊重并欣赏你的付出。

凯特:我真的不需要他欣赏我。我们有自己的问题,但是哪个部门没有问题?我只是没有时间处理所有的问题。

南希:你已经意识到可以改进的地方,但觉得你没时间解决所有这些问题。

凯特:没错。我想我们可以安排一次会议。

南希:嗯,这个可以的。

凯特:那么,我不会是我们组里唯一捍卫的我们做事方式的人,其他小组成员可能也会试图说服他。

南希:你想让别人帮助你,这样你身上的压力就会少一些。

凯特:我想肯定会的。而且我们也可以做一些改变, 这点我也同意的。

南希:你在想这个会议可能会起到一石二鸟的作用。

凯特:是的,我就是这样想的。作为一个团队,我们需要更多沟通。我将在下周安排一个会议,越快越好。

南希:这是一个好主意,你想尽快启动这个会议。

凯特:是的,我现在应该回去工作了——刚发现订单很混乱,需

沟通力成就领导力

要找到一个解决方法。谢谢你听我诉说，南希。

南希：别客气，凯特。

你有没有注意到，南希从来没有把球从凯特的球场拿走？她怀着同理心在倾听，她在凯特的每一个信息后都用了理解性应答，同时避免使用任何沟通绊脚石。显而易见的是凯特对南希并无防范，这使她能够提出一个令自己高兴的解决方案。

带着正确的观点积极倾听

到目前为止，我精心挑选了很多积极倾听的案例，主要目的是为了帮助你学习如何识别不同的应答——这些应答和12类绊脚石的不同——当一人处于问题区时，在双方对话中应该如何应答。为了防止误解和混淆概念，我们必须对这个重要的技巧花费更多的篇幅。

我需要应答每个信息吗？

当然不需要。请记住有三种类型的应答可以帮助解决问题：门把手、基本倾听和理解性应答。当你试图为有问题的人进行有效辅导时，就会发现自己也要使用这些工具。而且你会发现，有时你并不了解某些信息或无法给出理解性应答时，你可以保持沉默或用几个"嗯嗯"来做回应。

第四章 协助团队成员解决问题的技巧

我不能使用沟通绊脚石吗？

当然可以，但一般来说当求助方处于问题区时，不要使用。当发送信息者在问题区并请求帮助的时候，四个辅助性应答最适用。在这些特殊的时刻，沟通绊脚石的使用可能会让求助方停止沟通的概率大增，继而阻碍问题的解决。而在其他时刻，稍后我会演示，沟通绊脚石的使用并不会导致求助者停止沟通——比如在无问题区或在高效工作时间段。在这些时刻，你给出的指示、指导、建议、解决方案、提问、评判甚至是开玩笑，都很少会伤害你与团队成员的关系。然而即使如此，你始终应该保持一定的敏感度，时刻注意到一些提示和线索表明团队成员再次进入问题区或低效工作时段。在这种时刻，你应该立即切换到积极倾听模式。

我可以相信别人总能解决他们自己的问题吗？

这是一个最好的假设，因为我们通常会低估人们解决自身问题的能力。当然，人们并不总是能够找到解决自身问题的方法。有时你会发现当你想要帮助他人并启动了积极倾听模式，而求助者在那个时刻并不想解决问题。这时，你应该退一步并尊重求助者的意愿。而在其他时候，这可能听起来不可思议，求助者其实只想跟你抱怨，这样他们的情绪可以得到缓解，这显然是他们的需求——在这种时刻，除了带有同理心地倾听，让他们觉得被接纳，并不需要什么解决方案。还有些时候，求助者可能仅经历了解决问题的第一步和第二步之后，就衷心地感谢你的倾听，然后转身离开。千万别觉得失望！他们通常会在没有你的情况下完成解决问题的全部过程，或者稍后再来请你帮助。最后，人们常常会需要一些自己不具备的资源来解决一些问题（信息、工具、金钱），就像下面的案例所示：

会员：我真是糊涂！我需要购买一些新的软件，但我不知道我们部门是否有预算。

领导：哦，我们预算的确很紧张，但让我来看看是否可以从其他预算中分配到你这里一点。我晚点回复你可以吗？

我们用了"合法依赖"这一术语来形容这个场景——当团队成员缺乏一定的信息和资源的时候，他们可以合法依赖你并请求帮助。在这样的情况下，积极倾听不但不必要，而且通常是不适用的。

积极倾听暗示认同吗？

这个问题经常被提及是可以理解的——因为大多数人都习惯性地认为，沟通的目的就是达成共识或确认分歧。当人们倾听他人的时候，他们通常会用对或错、合理或不合理、有逻辑性或没逻辑性、好或坏等类似言语应答。积极倾听不是要传达负面评判或意见分歧。但一些领导一开始接触这个概念就担心积极倾听会让对方错误地认为"我认为你有这样的感受是有道理的""我认同你的感受""我认为你是对的"或是"我同意你的观点"，这就是为什么我常常被问到："积极倾听

第四章 协助团队成员解决问题的技巧

难道不会增强或扩大负面情绪吗?"

这种担心是基于接纳就是认同的错误理解。"你真的感到很绝望"和"我同意这事没希望了"是完全不同的概念。

积极倾听式的沟通,"我听到了你的感受",其中不包含任何共识和分歧,对感受本身的对或错不予评判。倾听者仅是表达接纳对方感受的存在。这种接纳是让人完全不会戒备的,因为人们很少碰到这类情况。这就解释了积极倾听的独特魅力——信息发送者的唯一责任是评估自己的感受是否合情合理。在一般情况下,人们会马上评估自己的感受。而此类评估将引导问题得到有效解决。

我仅需要倾听技巧吗?

当然不是,但在很多情况下,尤其当团队成员的需求不能被满足时,倾听技巧就足够了。但在其他时候,在充分理解团队成员的问题后,你必须采取一些明确的行动才能使问题得到解决。

金很不高兴,因为你经常把小组工作会议拖延到五点钟以后才结束,让她错过搭乘其他同事的车回家的机会。

布赖恩告诉你,他的工作效率降低是因为他的办公区域位于员工们走动最频繁的地带。

苔丝感到很沮丧,因为她无法获得行政助理足够的帮助,导致项目的重大延误。

你的小组成员告诉你,由于公司制度要求,需要填写很多不必要的表格，因此他们的工作效率受到严重影响。但如果未经你的上级领导批准，该政策无法改变。

亚伦问你是否每周可以有两天提早一小时离开公司，这样当他的孩子们从学校回来的时候，他就已经在家了。他提出每天可以早到公司一个小时。

这里的每个问题显然都需要你采取一些行动。仅靠积极倾听团队成员们的问题是不够的。他们需要答案，或者需要你的帮助。虽然积极倾听会有助于找到问题并生成解决方案，但该解决方案要求你必须做些事情。

高效能领导必须具备的基本技巧是成为一位有理解力、有同理心和有接纳力的听众，但这些并不是解决团队问题的唯一工具。

如果我不想倾听怎么办？

请记住，虽然积极倾听是帮助人们解决自身问题的有效工具，但它仍然只是一个载体——传达你接纳的态度和怀着同理心的理解。如果由于任何原因，团队成员分享问题时你不想接纳，积极倾听技巧将永远不会掩饰你真实的感受。如果你没有意图理解对方，就不能做到准确地倾听。

假设一位小组成员想跟你谈个问题，但你刚好在忙着做一些需要立即完成的事情——在最后期限之内完成合同，打几个重要的电话，

第四章　协助团队成员解决问题的技巧

赶上你必须参加的会议。这时候就不适合启动积极倾听了——你的心思不可能放在这里。还不如告诉这位同事你现在不能帮助他,解释原因,并告诉他可以稍后再来寻求你的帮助。

回想一下"满杯原则"主要强调的意思:除非你满足了自己的需求(不需要牺牲自己的需求),否则你不会有心思去帮助别人,也不可能做好。帮助他人解决问题的过程不仅仅需要时间,更需要让对方感受到真正的接纳。所以如果你现在不能接纳就不要假装可以,如果你不能提供帮助,就不要提供。团队的大多数问题可以等待几个小时(甚至几天或更久),直到你觉得你可以回到帮助他人的角色之中。

只有集中注意力,才能怀着同理心并准确无误地倾听他人的需求。所以你会发现,当你在想自己的事或担心其他的事情时,你将无法集中精力倾听。团队成员并不需要领导随时随地倾听自己的问题;他们需要一位能真正理解、接纳和关怀的领导的倾听。

第五章

每天运用倾听技巧

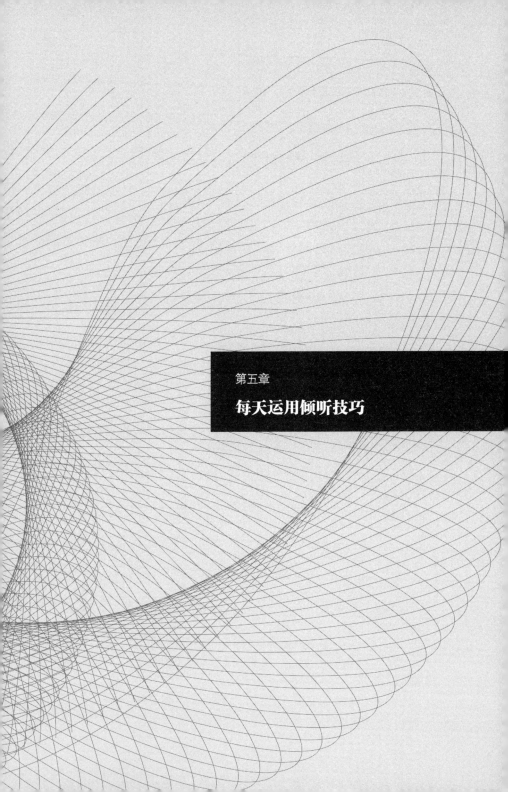

第五章　每天运用倾听技巧

对任何一个企业和团队，怀有同理心的倾听是一个无限的需要。并非夸大其词地说，领导们每天在工作中都需要运用倾听技巧。如果通过努力获得了作为重要沟通工具的倾听能力，你将会取得不俗的业绩和可观的回报。但只有通过不停的实践才能得到这种能力。与其他技巧一样，参加由专业辅导老师提供的正式培训显然是开始学习积极倾听的最佳方式，但从长远来看，学习的责任完全在于你自己，只有在各种情况下不断地实践才会帮助你取得长足的进步。在本章中，我将演示如何在日常生活中运用倾听技巧。

感受是善意的

人们几乎从婴儿时期开始，就认为感受是一种不好的甚至是危险的东西——它是良好人际关系的敌人。人们在成长的过程中害怕感受——害怕自己的感受以及周围人的感受——这很大程度上是因为在他们在生活中经常听到成年人传递下面的一些信息：

"不要让我听到你说你讨厌弟弟。"

"你不应该对发生的事感到垂头丧气。"

"如果你不能好好说话，就别说话。"

"别难过了，明天一切自然会好起来的。"

"根本就没有什么可怕的。"

"控制你的情绪。"

"不要骄傲。"

"注意你的言辞，小姑娘。"

后来，我们遇到了更多不许表达感受的禁令——在工作场所中，我们被警告说，根本不要在这里谈感受。不知何故，感受和情绪与在工作场中所需要的理性和平淡的人际关系成了对立方。隐藏你的担忧、咬紧牙关默不作声，在组织中被认为是适当的行为；人们认为从长远来看这类行为应该被提倡和奖励。

这种无处不在的压迫性的群体规范不仅对心理健康造成极大不良影响，对组织效能也会产生反作用。众所周知，与人合作不可避免地会产生各种各样的感受——从轻微到强烈的感受：烦躁、愤怒、沮丧、失望、受伤、害怕、无助、绝望、仇恨、苦闷、受挫。具有这些感受是很正常的，但是压制这些感受就会带来不良影响。不断封存的感受肯定会"危害你的健康"，最终可能会导致溃疡、头痛、胃灼热、高血压、肠痉挛或其他的受心理影响的问题。压抑感受也会分散对工作

第五章 每天运用倾听技巧

的注意力进而降低成效。

当被问及他如何能够忍受所在学校的压抑氛围时,一位老师曾经告诉过我:"我和大部分老师一样,用了吃晚饭前喝三杯鸡尾酒的方法。"在我作为顾问的另一个企业中,一位部门销售经理告诉我他的生存法则是:我不告诉别人我的意见。

与"感受不应该属于这里"相反的是,有证据表明,表达感受实际上会提高团队的效能和产出。对于一个团队而言,开放地表达感受其实就像器官感到疼痛一样。疼痛是一个警告信号,表示身体有问题;团队成员的感受对领导来说就是类似的警告信号,表明团队内部有问题。因此,领导需要营造一种氛围让下属们能够自由分享他们的感受。

领导应将感受视为"善意的",而非一种危险。领导们应当欢迎感受,因为它们是团队问题的提示和线索。抱此态度,领导就不会忽视这些提示,更不会用沟通绊脚石来阻止这些信息的发送者。相反,他们应该鼓励员工们通过积极倾听来超越感受,找到问题的关键。下面,在假设的环境里,我们比较一下两种对感受不同的方式:

1. 组员:又怎么啦!不会又接到一个我们在店里做什么的投诉吧!

(A) 主管:好了,罗伯特,就把它当作一个有建设性的批评吧(道德挟持,说教)。

(B) 主管:听起来你感觉好像所有人都在批评你(积极倾听)。

沟通力成就领导力

2. 团队一员：为什么雷会犯这么多错误？

(A) 领导：他在这几天有很大的压力（讲课、摆事实）。

(B) 领导：你对他的业绩很不满意（积极倾听）。

3. 团队一员：对做这件事我不太自信。

(A) 领导：我知道如果你愿意尝试，就可以做到（再次确认）。

(B) 领导：你很担心这件事工作量太大（积极倾听）。

4. 会员：你再也不会在工作会议中看到我冒险发言了。

(A) 领导：吉姆，你上次发言是明显的错误（评判、批评）。

(B) 领导：你对上次发言受到批评感到很遗憾（积极倾听）。

在上述每个案例中，对团队成员感受的第一种反应很有可能会阻碍对问题的识别。第二种反应，都是以积极倾听为基础的，更有可能传递接纳和理解，并鼓励团队成员超越自我的感受，找到问题所在。

感受是暂时的

当有员工说"我讨厌这个工作"或"我不能和莎拉一起工作"或"没有人重视我工作的价值"，大多数人倾向性地认为这些感受是永久的，不可变的。确实，通常情况下，感受越强烈，言辞听起来就越确定，越不可逆转。例如，如果我妻子在我回家时说"我对你很生气！"我

第五章 每天运用倾听技巧

的直接反应是,我对家人做了些坏事,她永远也不会像以前一样对我了。当一个孩子脱口而出"我再也不会和你们一起出去了",父母也会有类似的反应。

幸运的是,负面感受可能是相当短暂的。其中一个原因是,人们有意识地选择强烈的负面感受作为沟通的代码"我想得到你全部的关注"或"我想让你知道,你让我感觉有多糟糕"。如果接收方能够解码负面情绪,并以接纳和同理心态来应答,几乎像魔术一样,对方的强烈感受会随之消失,并被一种不那么强烈的感受所取代——甚至是被正面感受所取代。我经常听到孩子告诉父母,"我讨厌你"或者"你是个愚蠢的妈妈",但是不到一分钟,如果父母接纳孩子的负面感受,孩子最终会拥抱和亲吻自己的父母。

在组织和团队中成人之间的关系同样适用。当领导们认识到,强烈的感受并没有像雕刻在花岗岩上一样永久,他们就会变得没那么害怕,而且能够建设性地面对这些感受。再次重申,积极倾听是最好的工具,因为它通常有减弱负面感受的效果。以下摘自我们对一位在中西部化工公司任职的工业关系总监的采访:

> 我想告诉你一个案例,有一次我们的工会主席到我办公室来,他看起来非常烦躁。他深陷于自己的感受中,以至于我根本没办法影响他。我回答了他所有的问题,但他看上去更加烦躁——直

沟通力成就领导力

到他站起来走出我的办公室。他刚转身走出我办公室两步,我稍微提高嗓门说了一句:"你真的对这件事很生气。"他停下来,犹豫了一下,转过身来,他的脸色像红甜菜一样红。但是他转回来,坐下来说:"你说对了,我非常生气!"他把问题摆到桌面上,又在我办公室里待了五分钟。当他离开时,虽然我们还有一些重大的问题,但他脸上的红色已经褪去了一半。我不觉得他喜欢制造很多麻烦。这件事已经没像刚开始的时候那么严重了。我想他可能希望会发生一些事情,让他不用被迫采取一些行动。

下面的经历来自一位在东海岸服装制造厂任职的组织机构发展经理的报告:

我们主管中的一位,在完成领导效能训练课程后,第一次在小组会议中有意识地使用积极倾听技巧,并告诉我:"这些领导效能训练教授的技巧真的有用——我们从来没有过如此有成效的会议。"仅积极倾听员工们关注的要点,就能够推进会议议程,寻找解决方案而不是一味地抱怨。

这是一位接受了领导效能训练的警官运用积极倾听技巧来面对一位电话投诉者,投诉给他开罚单的警察(请注意,警官的第一次倾听

第五章 每天运用倾听技巧

应答实际上是"鹦鹉学舌",即重复事实而非感受,然后注意到他开始积极倾听)。

警官:下午好,我给您回电话想了解一下您对我团队里一名警员的投诉。能告诉我您不满的地方吗?

抱怨方:谢谢你的电话,警官。威廉姆斯警官粗鲁无礼。

警官:查理粗鲁无礼。

抱怨方:对,他让我停车,只要求我出示驾驶执照、车辆登记证书和保险证明。这就是所有他说的。

警官:查理要求你出示驾驶执照、车辆登记证书和保险证明。

抱怨方:是,然后他就回到警车里,给我写了一张罚单。他根本没有问过我是否有特别的理由没在红灯前停下。

警官:所以你没有在红灯的时候停车。

抱怨方:对,我没有在红灯前停车。但是我后面有一辆车跟得太近,我不想踩刹车造成车祸。

警官:你不想造成意外。

抱怨方:对!我知道我应该停下来,但我担心后面的那辆车。那位警官明明可以问我为什么要闯红灯。

警官:如果查理询问有什么特别的情况让您不能遵守交通规则您会觉得比较好。

抱怨方：对啊，查理至少可以问我。他所做的一切都是和他相关的事情。他好像并不关心我的安危。

警官：所以查理在做他自己的事，并没有显示出关心您的安全和存在。

抱怨方：非常正确。他至少可以跟我说几分钟话，但他马上就写了张罚单，然后就离开了。

警官：如果查理花点时间听听您的说法，问问您对罚单是否有疑问或者告诉您"出庭通知"的程序，您会觉得更舒服。

抱怨方：是啊，我的意思是说，他不是粗鲁或不礼貌，他似乎没有时间给我解释。我在罚单上签字后，他还说："祝你有美好的一天。"我在得到罚单后还会有美好的一天吗？

警官：嗯，我现在可以用世界上所有时间为您服务。您还有其他问题我可以解答吗？

抱怨方：没有了，谢谢你。谢谢你听我倾诉……我很感激。

下次有人给你发送一个包含了很多情绪的信息，坐下来并以积极倾听来表明你对这个人感受的理解和接纳。这些情绪可能会像火山突然爆发一样突然地消失。

第五章　每天运用倾听技巧

找到问题核心

人们的问题就像洋葱一样——层层包裹。只有当外层问题被剥离，才能真正到达问题的核心。有时候人们知道真正的问题是什么，但害怕面对问题核心；然而通常他们根本不知道真正的问题是什么。当一个人开始谈论一些麻烦的问题时，你通常只会听到"叙述问题"。积极倾听有效地帮助求助者从叙述问题开始，进而找到问题的核心。

一位主管在参加领导效能训练几个月后接受了我们的采访，他描述了在其团队成员找到真正的问题前，如何学会等待和倾听：

> 很多年来，我的一个问题就是当你和我说话的时候，我不愿意倾听。我现在已经学会了倾听——并非企图或超前考虑我应该如何回答，我之前做过很多这样的事。如果以前一位员工向我抱怨某件事情，我立刻开始思考如何回答他。我的意思是说，我根本没在听他讲话。所以我学到了很多。现在如果有人出现问题的时候，我必须停止自己的思考，我会倾听，有时也会记笔记。我发现以前的自己有时候会错误地解决一个问题——我在员工还没讲到问题一半的时候就已经给出了答案。那是个答案，但不是解决困扰他问题的答案。

沟通力成就领导力

这是另一位使用积极倾听技巧来帮助员工从仅由描述问题转移为注意到问题核心的人:

一位在西部城市任职的行政办公室人力资源总监讲述了积极倾听如何使她和一名员工在一次电话会议中找出问题的核心。起初,这位员工非常苦闷地抱怨自己刚刚收到来自经理的不公平的绩效评估。人力资源总监确定,这位员工认为她的老板所设定的工作目标不公平而且无法实现。积极倾听最终揭露了问题的真相:这位员工已经决定辞职,因为她马上要结婚,并会搬到温哥华,所以她害怕她无法从公司得到一封好的推荐信递交给下一个工作单位。当真正的问题浮出水面后,这位人力资源总监帮助员工做出决定,直接与其经理沟通,请求经理给予推荐。最终她得到了一封很好的推荐信。

在这个案例里,类似状况经常发生,对陈述的问题运用一点点倾听技巧,就能揭示员工的深层关注,并找出一个适当的解决方案。

人们比你想象的更可爱

每个人都在不同程度上进行评估和判断。当我们看到别人以某种

第五章　每天运用倾听技巧

方式做事，就形成了他们是什么类型的人、喜欢他们多少的判断。当我们不了解人们行为的背后原因，特别是观察到不寻常的行为时，我们可能就会更不喜欢那些人。相反，如果对他人有更多了解，通常会让我们觉得他们更好。由于积极倾听是鼓励人们谈论自己和自己的感受的有效途径，因此积极倾听最常见的影响之一就是听众发现人们比自己想象的更可爱。

以下摘录来自一位最近刚刚完成领导效能训练主管的采访。

> 我雇用了这位现在还躺在医院里的员工，但他很快就要回来工作了。很多人认为他是一个只给别人添麻烦的人，我最终还是雇用了他。我被一些人警告："好吧，加里，你用这个人，看看你能和他在一起做出什么事情。"一开始我无法和他和平共处。我不喜欢他。但是我通过倾听，听到了他的心里话以后我开始逐渐了解他，我们相处得很好——我对他没任何意见。偶尔他走入极端，他会过来跟我说："无论是因为对工作的热爱还是对金钱的需要，我都不会再在这个地方做了！"我让他平静下来，和他交谈并问道："稍等一下，鲍勃，你有什么问题呢？"他会告诉我，我会倾听并向他解释，第二天他就恢复了良好的状态。所以我真的认为领导效能训练在这方面很有效。我也发现自己在家里会花更多时间倾听家人。甚至连医生都说："加里对鲍勃做的比任何

人都多。"我会很诚实地告诉你：以前我认为这个人应该待在一个滑稽的农场里。但是我找到了引发他躁动的原因。现在，我们在一起工作得很好。

让湍急的水流平静下来

当面对人际关系冲突时，人们的情绪往往高涨到一个很高的水平，愤怒的情绪在不断蔓延。在这个阶段，没人有心情能够建设性地解决问题；他们沉浸在自己的情绪里，完全不能做出解决问题必要的有效思考。这时积极倾听就会带来神奇的作用——帮助人们释放自己的情绪，为后续解决问题铺平道路。

当人们生气或沮丧的时候，他们希望能够被了解——就好像说"在试着解决给我带来麻烦的问题之前，你必须了解我现在有多么生气、多么不高兴。"在大多数情况下，人们想通过强烈的情感惩罚对方："看你让我这么生气、这么不高兴，你不感到后悔吗？"人们在冲突中表达强烈感情的另一个原因是恐吓对方、满足自己的需求："如果我发很大的脾气，大声喊叫，也许会得到我想要的。"这与孩子发脾气其实很相似，父母们了解，对付这种事最好的策略就是等待孩子们的情绪平复。

以下这起与人力资源总监有关的事件，说明积极倾听如何能够安

第五章 每天运用倾听技巧

抚生气的人,为解决问题铺平道路:

> 现在我和工会主管们相处融洽。他们以前的工作方式是一上来就投诉,无论大事小事都被他们夸大其词。好像他们喊的声音越大,管理团队就会屈服,就会给他们一些甜头让他们安静下来。他们这样做了二十年,我们已经满足了大部分他们最开始的要求。参加过领导效能训练后,我会拿出一个本子来对他们说:"你们真的很生气,但是如果你们放慢点速度,我会把你们的提议写下来。"这些会议通常会有个转折点——他们会继续吵吵哮一段时间,而我会做记录,主动倾听他们每次的抱怨。"某某经理正在做件可怕的事情,我们将采取这样或那样的报复手段。"我会不断说你们看起来真的很生气,我愿意了解更多看是否能解决这个问题。他们通常会安静下来,就像把油倒入湍急的水流中一样,他们会逐渐平复。在会议结束前,他们通常会友善地说:"好的,我们意识到这里有问题需要调查。你什么时候可以给我们一个答复?"他们再次回来询问的时候已经在一个不同的情绪层面上:"你有没有发现这样或那样的事情?"我会说:"哦,这是我找到的。"我的回答不总是正面的,他们不会一直听到他们想要听到的内容。但即使没有听到,他们仍然对整个情况感到满意,感觉他们的意见真的被听到了。

沟通力成就领导力

当人们的情绪不能平复的时候，没有比积极倾听更好的工具能够让"他们觉得真的被听到了"。

帮助你的下属成长

有时候，虽然不是很经常，领导可以为下属们创造一个非常好的自我成长机会。如果没有积极倾听的技巧，领导肯定会错失为处于问题区的员工提供辅导的机会。没有掌握倾听技巧的领导会用沟通绊脚石阻隔双向沟通的通畅，从而错过了帮助员工通过解决问题的步骤找到具有建设性的解决方案。相反，掌握了积极倾听技巧的领导们通常可以把问题转化为员工自我成长的一次机会。

通常，对下属的辅导将大大改善他们的工作业绩：一位害羞的员工能在开会时更加畅所欲言；一名工人知道了自己粗心大意的原因而采取了补救措施；一个以权压人的老板了解到自己过于专制，开始用理解的心态对待自己的下属；一位因为上学时害怕阅读的慢速阅读者决定参加一个快速阅读课程；一个有强迫症、追求完美的记账员抛开了不现实的标准，加速完成了工作……下面这个案例也遵循相同的道理：

哈尔：凯西，对我们早上关于你的感受和工作量的谈话，我不是很满意。我没觉得问题得到了解决，我想再试试看是否能解决这个问题。

第五章 每天运用倾听技巧

你愿意再告诉我一次你的问题在哪里吗?

凯西:当然,我对今天谈话的结果也不满意。我觉得你从来没理解我对这个问题有多认真。

哈尔:你真的不高兴,而我做事的方式表明我没真正理解你,对吗?

凯西:是的,哈尔,因为我当时告诉你这真的对我的工作影响很大。

哈尔:嗯。

凯西:我不喜欢这样的感觉,这对我不公平。

哈尔:(沉默)

凯西:这让我感到内疚,让我晚上在家里也感到不舒服。

哈尔:所以这真的很困扰你?

凯西:真的很困扰,所以我想找到解决的方法。(停顿)

哈尔:我明白了。

凯西:我知道,哈尔,我做事很认真。我喜欢把每件事做好,做得更精准。

哈尔:嗯嗯。

凯西:有时我想我可能太认真了,太强调精准性了。

哈尔:听起来你为自己的工作而感到自豪,而且想要做到最好,但你开始怀疑投入过多时间和精力追求完美是否值得。

凯西:是的,我想是这样的。有时候我会把报告翻来覆去看三四遍,但我心里知道这不必要,因为我很少发现有错误。

沟通力成就领导力

哈尔：（沉默）

凯西：有时我希望，我只看一遍报告，然后就把它放一边开始下一份工作。但有时候我对自己说最好再看一次，因为我不想让别人发现错误。

哈尔：听起来你对自己的工作不够有信心。有时候你内心……害怕被别人发现错误……这强迫你一直检查报告。

凯西：是，我一直这样。不仅仅在工作中，其他的很多事情我也是这样。

哈尔：我明白了。

凯西：我想我不喜欢别人找到我的错误。可能你会说我是一个完美主义者。

哈尔：你在自己的整个生活中都是这样。你其实不必太在意随时随地都正确和完美。

凯西：是的，做到完美对我来说是种负担，因为要花很多时间。我有时候过于担心了，本来还可以做很多其他的事情，但我觉得如果手里的事情没做好，我就不应该做其他的事。

哈尔：所以，凡事需要完美使你不得不放弃更多想做的事和过更有意思的生活。

凯西：是的，我开始意识到是这样的。我想学打网球已经很长一段时间了，两个月前我注册了网球课。

第五章　每天运用倾听技巧

哈尔：没开玩笑吧。

凯西：我朋友找我一起去打球，我很想去，但我却说，不行，我不想去打球。

哈尔：哦。

凯西：我那样说的原因是因为我想多上几节课，这样我会有更多的信心。

哈尔：我理解。

凯西：所以当我和朋友们一起打球的时候，他们不会看到我犯错，或者说我想让他们看到我有多棒。

哈尔：呃……听起来你已经意识到你的问题……看起来完美让你无法和他人自由开心地交往，丧失了生活中很多乐趣。

凯西：没错。回到我的工作，如果我可以少点完美强迫症，相信我能做更多工作。

哈尔：你听起来好像有了解决问题的方法，就是不要过于担心，不要不停地检查报告。你看看这样是否有用。

凯西：嗯，有些事确实不需要花太多的时间。即使有个别错误，我想对我们的业务也不是灭顶之灾。

（停顿）

哈尔：我了解了。

凯西：在做账的时候，会有很多支票和收支项，我不需要一遍又

沟通力成就领导力

一遍地核对每一个数字。

哈尔：我明白。

凯西：我觉得这样让我放慢了完成工作的速度。

哈尔：所以你已经知道如果每六个月犯一个错误，你不会得到任何想象中的惩罚的。

凯西：对的，对的，确实如此！

哈尔：听起来你好像愿意冒险试试这样做事。

凯西：我想用一周试试，看自己能不能改变。我不确定我可以，但对我来说很有意义，想试一下。如果有其他需要帮忙解决的，我再回来找你。

哈尔：嗯嗯。

凯西：但我真的很怀疑这是否能减少堆在办公桌上的大量工作。

哈尔：所以你不很确定这是否可行，但你愿意尝试一下。

凯西：是的，我想试试。

（停顿）

凯西：好的，我想我先回去试一试。谢谢你听我倾诉。

哈尔：别客气，我很高兴我们可以这样谈谈。

凯西：我也很高兴。

哈尔：好的。

第五章　每天运用倾听技巧

哈尔对凯西给予的辅导值得反复阅读，这样才能抓住这个简短对话的精髓：

1.要注意到哈尔在对话中几乎完全在使用基本倾听、理解性应答和积极倾听的技巧。

2.请注意凯西用"是的""确实这样""对的""是的，我想试试"来确认哈尔积极倾听后的理解是正确的。

3.还要注意到凯西从陈述问题（不能完成她的工作）到发现自己问题的根源（需要别人觉得她很棒）的进步。

4.最后要注意哈尔的积极倾听让问题一直停留在凯西那边，以及如何让凯西对自己问题的解决全权负责。

很自然，大多数领导并不具备所需要的倾听技巧来辅导自己的下属。因此，他们失去了为下属创造个人成长的很多机会，同时也不能帮助下属满足他们对尊重、成就和个人发展的需求。正如我多次指出，满足团队的基本需求是促进领导效能的重要部分。但这些都需要掌握倾听的技巧。

领导也是老师

领导们日常会做很多指导工作——给予指示，解释新的政策或程

沟通力成就领导力

序，进行在职培训。然而很少有人接受过如何成为领导的特别培训来履行自己的重要职能。他们不明白有效指导他人有多困难——比大多数人认为的更加复杂。

首先，通常大家并不了解人们是多么抵触学习新鲜事物。这是一项苦差事，因为这要求人们放弃已经习惯的做事和思考方式。学习新事物必须要改变，而改变会令人不安，甚至感到威胁。另外，当"学生"面对"老师"的时候总被认为是种身份的贬低，因为我们所有人老是想起来在学校被一些老师贬低、惩罚和假装关怀的经历。这意味着领导在指导员工时，必须避免让自己的下属感觉到"像孩子一样被对待"。

举一个典型的例子，一位主管发现一位下属正在错误地完成任务，需要更好的指导。纠正员工的工作方式并教给他一个更好的方法看起来是一件简单直观的事情，但其实并不不容易。团队成员经常有各种各样的反应：尴尬、受刺激、提防、愤怒。下属经常性地很难理解领导的指示或者如何按照新的工作方式来完成任务。通常，一些信号和线索表达了这些反应：

"我以前一直这样做。"

"我的方式怎么不对了？"

"没有人告诉我有什么不同。"

"嗯，这可能是你的做事方式。"

"我不理解你想告诉我什么。"

第五章 每天运用倾听技巧

"哦,我永远都学不会这样做。"

"我感觉这样很笨,很不自然。"

"你说得太快了。"

"我不明白——我一定很笨。"

"我永远学不会怎么用那种方式做事。"

这些信息,不言而喻,表明领导的介入导致了团队成员出现问题。记住你的行为窗口图示:

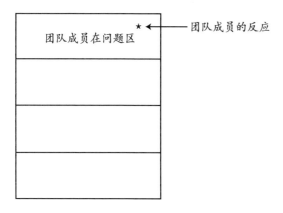

将团队成员的反应定位在你行为窗口的正确位置后,你就会知道需要运用哪种技巧了。现在应该通过积极倾听的技巧来表明你的理解、同理心及接纳。直到你接纳了团队成员们的感受并帮助他们以某种方式解决掉目前的问题,他们才会开始学习新的事物。直到你确认他们准备好学习的时候,你才能开始教学。

领导效能训练

这是有效教学的最重要的原则。就像没有追随者你不会成为领导一样,没有学生你也不能成为老师。

主动倾听的另一个好处就是有助于改善老师与学生间的关系。我们知道学生自发的学习会比被动学习学到更多。然而,让我们惊讶的是大多数时候学习的方式都是老师们单方面传授——也就是,老师们讲解、解释、教导、叙述——而学生们被动接收信息。只有让学生积极参加和参与到学习过程中的教师,才称得上是一位高效能的教师。

一种做法是让学生们有更多机会来谈论这个主题,在此期间,积极倾听将会起到很大的作用。关键是你可以在很短的时间内完成演示或指导,然后邀请你的团队对这些"小型演示"做出反馈。然后你可以运用主动倾听技巧来表明你对他们的理解和接纳。

这种方式不仅鼓励学生愿意说出对你指导方式的反馈,而且这些反馈可以帮助你诊断和了解你发送出去的信息有多少被掌握了,进而决定是否需要进行更多的指导。

第六章

如何满足自己的需求

第六章　如何满足自己的需求

在你已经了解如何有效地帮助他人后,现在你需要知道如何帮助自己。为什么有些人能在与他人交往中成功地使自己的需求得到满足呢?当其他人的行为造成你的困扰,你怎么能让他改变而不让他丢脸或对你产生怨恨呢?

詹妮工作进度太慢,别人都得等她的工作做完才能开始自己的工作。

你的领导没有告诉你需要知道的事情。

霍华德开会总是迟到。

玛丽在接客户的电话时总是很粗鲁无礼。

另一个部门的主管不愿跟你合作。

劳拉不及时回复客户的电话。

弗兰克总是自告奋勇做些工作,但往往不跟踪执行。

简从不让你知道她的部门在做什么。

埃里克的团队离职率很高。

这些问题,和无数其他问题一样,是置于行为窗口底部的行为,

沟通力成就领导力

因为它们不能让你的需求得到满足。

我在问题区　　　　面质技巧

当你试图帮助别人解决问题时，这些问题需要非常不同的处理：

别人在问题区	你在问题区
你是一个倾听者	你是信息发送者
你是个顾问	你是一个有影响力的人
你想帮助别人	你想帮助自己
你是一个通情达理的吸音板	你不想听任何建议
你辅助对方自己找到解决方案	你需要自己找到解决办法
你可以接纳他人的解决方案，	
你没有未满足的需求	你必须对解决方案满意
你主要对他人的需求感兴趣	你主要对自己的需求感兴趣
你更被动	你更主动

当别人在问题区时你应该运用倾听技巧。当你在问题区时，你必

第六章 如何满足自己的需求

须运用面质技巧。而面质技巧与倾听技巧有显著不同。因为各种各样的原因,许多领导都不会运用面质技巧,质问他人的行为变得异常困难。

我们都害怕告诉别人他们的行为是不可接纳的,或造成了我们的问题。如果这样做,我们会担心伤害到其他人,担心他们会生气甚至不再喜欢我们。这种担心并非毫无根据。有谁喜欢听到他人说自己的行为是不可接纳的呢?人们经常以负面应答回应这些不喜欢的面质。他们可能会开始辩解争论,可能用自己掌握的关键信息进行报复;他们可能会觉得因为受伤或生气而离开;可能会觉得被攻击或自己的意见不被认同。所以领导需要一定的勇气来面质他人,维护自己。

我知道在企业中很多不自信的领导不会运用面质技巧。显然,他们付出的代价是:问题根本不会消失;他们痛苦地挣扎、默默地忍受,甚至对造成问题的人怀有怨恨情绪。他们总觉得在人际关系中天平不公平地偏向他人。容忍不公平的关系通常被称为"放任"。一位放任的领导,就像放任的父母一样,不仅自己不喜欢这样,而且最终会成为一个失败者。

造成领导害怕运用面质技巧的另一个重要原因是,他们所用的特定语言都来自童年时期其他成人对他们运用的语言。在领导面质他人时,这些语言都很可能引发他人的反抗、报复或伤害。在领导效能训练中,辅导师用了一个简单练习证明了这一结论,当领导面质造成自己问题的员工时,他们经常采用粗暴、带威胁性的、评判式的、说教

沟通力成就领导力

性的、居高临下的、讽刺性的、严重伤害他人自尊的语言。请看下面的案例：

安，你的一位团队成员，在小组工作会议中一再打断你和其他成员的讨论，严重降低了解决问题的有效性。今天她又这样做了，所以你决定在会议结束后和她进行面质。

针对这一情景模式，以下是参加领导效能训练的学员们使用的典型面质信息：

"安，让别人说完自己的观点之后再说你的观点。不要说这么多话！"（命令、指示）

"如果你总是在会上打断别人的发言，安，每个人都会对你生气的。"（警告、威胁）

"这很简单，对别人要礼貌，让别人说完你再说！"（道德、说教）

"上帝给了我们两只耳朵和一张嘴，所以我们应该花两倍时间来听别人说。"（教育、讲课）

"安，下次在我们员工会议上，我建议你等其他人都说完了你再说。"（建议、提供解决方案）。

"安，你在我们的员工会议中真是很没礼貌！"（批评、评断）

"安，我知道你很聪明，总是有好的想法，但在我们小组讨论中也要给其他人说话的机会。"（赞美、阿谀奉承）

"你在我们小组会议里的行为像一个万事通。"（贴标签）

第六章 如何满足自己的需求

"我相信你可以很容易地改正打断别人说话的习惯。"（确认）

"我想你在利用我们的小组工作会议来展示你对这件事的丰富经验和深刻了解。"（心理分析）

"你为什么要说这么多打断大家呢？"（试探、提问）

"安，你千万别在小组工作会上觉得不好意思发言，我们从来没有听到你发表任何意见！"（讽刺、幽默）

虽然上述信息各有不同，但领导们运用的面质信息都可以归入12类之中。是不是听起来很熟悉？对，它们就是12个沟通绊脚石。当你在问题区时，如果用上述方式面质他人，就和他人在问题区时你试图帮助他们一样，不能起到好的作用。

检查12种类型中的每一种，你会发现它们都包含一个强大的"你"在其中：

你别这样做了。

如果你不能停止做这些，那么……

你不应该这样做。

你应该知道的。

你需要做这些……

你为什么不试试……

沟通力成就领导力

你不礼貌。

你这样做是因为……

你为什么这么做?

这就是你应该做的。

我把这种面质称为你-信息。人们不喜欢收到你-信息。这样很可能会破坏人际关系,因为:

1. 这让人们感到内疚。

2. 人们可能会感到被责备、贬低、批评和拒绝。

3. 可能会让对方感觉缺乏尊重。

4. 它们经常引起不良反应或报复行为。

5. 可能会损害对方的自尊。

6. 这样通常让人们对提出的改变感到反感而拒绝改变,使不愿坦诚说出自己的想法。

7. 可能让人感到受伤,后来发展为怨恨。

8. 经常被认为是带有惩罚性的。

你-信息除了会损害与同事间的关系,往往不能达到其目的——就是改变造成你的问题的他人行为。这可能有三个原因:

第一,没人喜欢被告知该做什么(或不应该做什么),所以他们

第六章 如何满足自己的需求

会固执地抵制任何改变。当人们意识到自己的行为正在干扰另一个人的需求时，他们会自然而然地主动改变自己。但是你-信息通常会剥夺这个机会，例如："你的报告里有很多错误，显然是粗心造成的。你必须重写这份报告。"告诉别人"你要重新写报告"剥夺了他自愿重新写报告的机会，没有给他自己提出解决方案重建信誉的机会。

第二，你-信息是无效沟通的原因是他们在指责接收信息者。他们传递这样一个信息："你的错误造成了我的问题""你很坏""你应该知道的""你不替他人着想，考虑不周"。

责怪在大多数情况下是多余的。我怀疑人们很少意识到他们的行为是不被他人接纳的。他们的行为通常只是出于满足自己需求的欲望，而非故意干涉他人的需求。但是，当发送一个你-信息时，你所传递的意思是："满足自己的需求是不对的"——这显然一个相当荒谬的概念。

第三，你-信息是无效沟通的原因在于它们是"不完善的代码"。回到我们之前提到的沟通过程和发送方进行信息编码，接收方进行信息解码的图示。记住，当他人的行为对你来说是无法接受的，你进入了问题区——你在担心、烦躁、受困、失望、害怕等。

以一位团队成员为例，他忘了把书放回书架，这让你很不开心，因为你花费了很多时间去找你需要的东西。显然，代表你感受的准确代码应该如下图：

沟通力成就领导力

请注意，此代码包含了我－信息而非你－信息。每当有人给你制造了问题，一个清晰而准确的代码总是会以我－信息表现出来："我很失望""我讨厌被打断""我担心""我沮丧""我浪费了很多时间"。而你－信息是指向他人，而非指向在问题区的人的感受。

因此很好理解，为什么发送我－信息有时候被称为"取平"，即以开放、诚实、直接的态度和你生活中接触到的人沟通。也许这是为什么我－信息强有力的原因。人们在用我－信息传递"我是一个普通人，和其他人一样会遇到问题，会有情绪"。在某种意义上，一个我－信息是在问题区的一方请求帮助，每个人都知道忽视这样的请求是多么困难。这就是为什么我－信息很容易影响人们改变行为。想象你自己身处下列情景中，当你的上司发送我－信息时，你作为接收方的感受是什么，你是否会为上司的需求来改变自己的行为：

1."当我不知道你们部门到底发生了什么事时，我会感到焦虑，开始想象你们有各种各样没解决的问题。"

2."当我听到一些潜在客户前来问询，但好几天都没有得到答复，我真的很沮丧，因为我担心我们会失去业务机会，还让别人对我们企

第六章　如何满足自己的需求

业留下不好的印象。"

3."当你没来参加我们的工作会议时，我强烈地感到会议成效降低，因为我们没有你在营销领域的经验和知识。"

4."当我看到你的运营成本大大高于预算的时候，我真的非常着急。当我没有看到任何补救措施时，我也很困惑。"

5.当你在工作电脑上下载私人音乐或文件时，我觉得很不舒服，因为这样降低了电脑存储空间和工作程序的运行能力。

当你接收到这些信息的时候，毫无疑问你不会感到兴高采烈（没有人喜欢听到他的行为不被别人接纳），可能你会更愿意改变自己的行为而不是被别人告知、警告、责怪、下令或教训你做什么。

一个参加过领导效能训练的银行经理给她的老板提交了下面一条我－信息：

> "当你接到关于保险的投诉——就是我部门的业务——并对此做出回应，我就失去了做这件事的机会，这让我感到自己不是一个有效能的领导。"我老板的答复是："那不是我的本意。"但这没解决在我内心深处的纠结，我继续说："此外，当你叫一位我部门的员工到你办公室说明情况，我感到很尴尬，因为这可能给我部门员工们留下的印象是,你不信任我来处理这样的情况。"

我的老板回答说:"我收到了投诉,并认为我可以处理和解决这个问题,但我明白你在说什么。"后来他给我发了下面的信息:"我了解你在说什么,我为越界道歉。我收到了投诉,很生气,就立即解决它。我应该把它交给你处理。你很好地应用了领导效能技巧,而我没用好。"从那天起,处理工作失误对大家来说都更加顺畅。

我 – 信息的重要组成元素

有没有人面质你的时候只提及他们的感受——没提任何其他事情,例如:

"我在生你的气。"

"我真的很失望。"

"我很担心。"

"我对你不满意。"

这样的信息让每个人都感到困惑和不知所措,所以你的第一反应是问对方为什么生气、失望、担心或不满意。或者你的回答是:"我到底做了什么?"仅告诉他人你的感受是一个不全面的面质信息,这只包含了完整我 – 信息三个组成部分的一个方面。一个全面的面质信息应包括:(1)一句简短的非责备性的话,描述你无法接纳的行为。

第六章 如何满足自己的需求

（2）你的真实感受。（3）对你造成的具体、实在的影响（后果）。

显然，为了不必提出"我到底做了什么？"这个问题，你需要确切地告诉对方你不可接纳的行为是什么。非常重要的是要避免用带有评判性的你-信息如"你考虑不周"或"你很马虎"这样的描述。相反，要描述导致你问题的行为。其次，直接和诚实地表达你的感受是非常必要的，这是为了强调不可接纳的行为对你带来负面情绪的程度。最后，要以包括对你造成的影响（或后果）来告诉对方你有一个逻辑、理性的原因让其改变行为（你的生活受到一些具体和实在的影响）。

当人们学习到如何发送我-信息，他们会发现记住我-信息公式非常有用：行为+感受+效果，但不一定需要按这个顺序排列。

在下面的例子中，你会看到包含了三元素的很好的我-信息，每一个例子都以非责备的口吻描述了不可接纳的行为、感受和影响。

看看你是否能识别出每个元素：

对前台：

早上 8:30 你没在这里接电话我很不高兴，因为这意味着其他人不得不放下他们的工作来替你接电话。

对同事：

你到桑迪那里讨论我们之间的问题，我又从桑迪那里听到这事，我觉得很生气和受伤，因为它摧毁了我对我们关系的信任，我没有得到我们有问题需要解决的信息。

对经理：
我希望通过自己的才华和能力做出的决定和工作能被重视，你没有和我讨论或商量就做出了决定，对我造成了影响，我觉得很沮丧和泄气。

在初始阶段发送一个完整的含有三元素的我-信息时，你会觉得敏感和机械化。通过实践，这会逐渐变得更自然，不需要太多的思前想后。但和学习任何新技能一样，实践是必要的，就像学习高尔夫挥杆动作、网球挥拍、帆船扬帆、滑雪或使用电脑一样。

发送我-信息后会发生什么？

当你通过发送我-信息来改变对方时，一系列的事情会发生。你最初的信息只是改变过程中的第一步，但它很重要，因为它为以后可能发生的事定下基调。在这个讨论中，我有时会使用术语"改变发起方"和"改变接收方"。

谁在问题区？

最重要的是你必须牢记"问题所有权"的基本概念。当某人的行为导致你的需求得不到满足，你决定要改变其行为，这时你在问题区，

第六章 如何满足自己的需求

而非对方,改变接收方并没有在问题区。事实上,对方使自己的需求得到满足的行为恰恰导致了你的需求未被满足。你不能责怪一个人需要满足自己的需求,这是人们的行为方式。所以不要对那些制造问题的人不满,尽管你有理由对造成自己问题的事实不满。这是你发送非责问我－信息时应有的态度,而不是发送责问性的你－信息。

改变接收方是司机

虽然你有向改变接收方传递你在问题区的责任,归根到底,是否改变是接收方的决定,责任转移到了对方。因为你在问题区,你其实需要依赖改变接收方。再次重申,我－信息需要有效、准确地传递这个态度;它只是一个你拥有问题的声明,但并没有告诉接收方必须改变或如何改变。再次强调,我－信息是请求帮助的,这是为什么它们经常有惊人的效力。大多数人对真诚求助反应要远远好于命令、威胁、建议或说教。

"换挡"的重要性

虽然我－信息比你－信息更可能引起别人改变,但事实是,当被面质时,接收方对需要改变常常感到不安。他们面对我－信息时,会经常性地使用焦躁、不安、防御性的、伤害性的、道歉式或反抗式的应答,比如下面两个例子:

1. 改变发起方:当我在你的报告中发现了几个关键错误时,我真的很生气,因为我在董事会上讲这部分的时候看起来很愚蠢。

沟通力成就领导力

改变接收方:哦,你那么急着要报告,我都没时间检查所有的计算结果。

2. 改变发起方:当我听到病人抱怨,你没有在病床指示灯亮起时第一时间去检查,我很生气,因为任何一个病人出事我们都负不起责任。

改变接收方:我不能同时出现在两个地方,而且一些事情病人明明可以做,非要亮指示灯让我们帮忙。

在这两种情况下,即使很好的我-信息也导致对方架起防御系统,甚至有某种程度的敌意。发送出来的我-信息导致对方进入了问题区。这其实常常发生——很少有人喜欢被告知他们的行为不能被接纳——无论我们如何措辞。当人们抗拒改变的时候,无论多少我-信息都不会起作用了。在这个时候,我们需要启动快速换挡,切换到积极倾听。在上面两种情况下,"换挡"可能听起来像下面的对话:

1. 改变发起方:你在这么紧的时间内完成报告,你觉得根本没时间检查数字,对不对?

2. 改变发起方:你在另一个病人房间的时候看不到其他病人的指示灯。当病人按指示灯要你做他们力所能及的事情时,你会觉得很恼火。

从信息发起方转换为倾听方,在我们领导效能训练中被称为"换挡"技巧。这一技巧在发送面质信息的时候,会起到几个重要的功用:

第六章 如何满足自己的需求

1.它传递了发起方理解和接纳（当然，这里并非指同意）接收方的立场：她的感受、辩护、原因。这大大增加了接收方愿意了解和接受发起方的立场（她听了我说的，现在我听她说）。

2.它有助于消除接收方情感反应（受伤、尴尬、愤怒、后悔），为可能的改变铺路，一起解决问题。

3.它会经常性地，让发起方的态度突然地转变，从之前不能接纳他人的行为转变为可以接纳（哦，我理解你为什么没有回应病人按下的指示灯——因为你没看到）。

在发起方"换挡"为积极倾听后，重复我－信息或发送一个修正版的我－信息可能有助于解决问题。（"我理解你为什么没有检查计算结果，但我还是不能接受不正确的报告。"）

下面是一个有效"换挡"的例子，来自以前总觉得面质他人很困难的一位公司总裁：

> 我是被公司从外部招聘成为总裁的。一进公司我就和一位高级副总裁出现了合作上的问题，他似乎大部分时间都不开心。开始我以为他讨厌我，因为我得到了最高职位而他没有得到。特别令我沮丧的是这位副总裁很有才能，对我和整个团队能起到很大的帮助和推动作用。具体说，他要么不参加重要会议，要么迟到。

就算他参加了我们的会议，他不是在座位乱动，就是一直看他的手表做鬼脸。总而言之，他在尽其一切之能确保参会者都不舒服。起初我真的很烦，但除了自己对他积累了一肚子不满其他什么都没做。我不是一个能够很从容面质他人的领导，我不断地避免问题，希望事情会自己慢慢变好。不幸的是，情况变得更糟，已经到了我需要采取措施的地步了。幸运的是，公司很敏锐地送我去参加了领导效能训练，从中我学到了一些方法来面质他。根据我自己尽可能准确的回忆，以下是谈话的内容：

总裁：昨天我们开每周例会的时候，你迟到了。我很不高兴你没有参与讨论，让我觉得这个会议对你不重要。我觉得这样开会不可取。你认为我们应该怎样才能更好地解决这件事呢？

高级副总裁：你是说我扰乱会议吗？我又不是唯一一个负责会议取得成效的人。

总裁：所以你觉得我单独跟你谈这件事不公平，你也不清楚我说的扰乱会议是什么意思。让我把刚才的意思说清楚。在今天上午的会议中，你一直在看手表，还大声叹气，即使我直接征求你的意见，你也拒绝提出任何建议，这让我很不舒服，因为这让我感到我会失去团队的尊重。

高级副总裁：好吧，也许我是有点过分，但我也没有听到其他人提出什么让会议更具成效的新建议。每次大家不说话的时候，

第六章 如何满足自己的需求

我总是跳出来提建议。说句老实话,我厌倦了这种我需要知道所有答案的感觉。更不用说我在这里做的工作比我应该做的还要多,就像有时候你已经到了一个不能掩饰自己感受的地步了。

总裁:你觉得单独跟你提这个问题是不公平的,因为你不是唯一参会者。我也听到你说,你总是在别人没主意的时候第一个跳出来提议的人,你已经厌倦了这样的压力。

高级副总裁:对的,这只是一部分。

总裁:仅是一部分?

高级副总裁:嗯,说实话,我真的觉得公司应该考虑内部员工来担任你的职位。我对你的背景或经验没任何意见,但我认为公司至少应该考虑公司内部对这个市场已经积累了相当经验的员工。

总裁:你觉得公司从外部招聘总裁不一定是最好的决定,这是为什么你不像以前一样在会议中表现出对工作的热情。

高级副总裁:嗯……我不是说雇用你是一个坏的决定,我认为你有资格担任这个职位,但至少应该考虑其他内部候选人。我有时觉得我在这里不受欢迎,因为我总是实话实说。

总裁:所以你觉得我们需要关注到小众的声音,虽然这会让你觉得有时不受欢迎或不被赏识。我的理解正确吗?

高级副总裁:正确,我知道我有时很难相处。尤其是当我对某件事情强烈地不满意的时候。

总裁：我很欣赏你的真诚，我觉得我们这样谈话很好。但我真的需要让所有人一起努力。既然我们已经清楚地了解彼此的想法，我们为什么不想想办法让这种情况对你我都有利呢？

高级副总裁：好的，听起来不错。

谈话结束后，这位高级副总裁按时参加会议，并积极参与讨论。在参加领导效能训练前，这个问题可能会升级为更大的问题。我以前对面质方法是完全回避的，只寄希望于问题会自行消失。在这种情况下，这个事件中，让问题持续下去可能会带来更大的灾难。领导效能训练教会了我面质他的技巧，让我们俩彼此坦诚相待而非剑拔弩张。我并非完人，他开始真的吓坏了，但我能够利用再次面质，结合"换挡"到积极倾听的方式把我们的谈话拉回正轨。最终，我们开始谈论他想成为总裁的意愿，那时我发现他从未真正想做总裁，他更喜欢自己现在的职位。但就在最近，我提拔他成为执行副总裁。

推动他人努力改变

一个好的我-信息往往可以产生立竿见影的行为改变，有时人们需要得到来自改变发起方的大力支持。记住：改变对每个人来说都不

第六章　如何满足自己的需求

容易，因为行为的改变往往需要放弃根深蒂固的、习惯性的做事方式，去尝试不同的和未经检验的方式。这一改变要求发起方更主动地参与变化过程，通常作为推动者或催化剂。但有些时候，在共同的问题上，可能应该成为一个积极的参与者与改变接收方一起解决问题。

推动接收方改变的一个有效办法是我所谓的"教会他人运用解决问题的每个步骤"。再次回忆一下解决问题的六个步骤：

1. 确定和界定问题。

2. 生成替代解决方案。

3. 评估替代方案。

4. 决策。

5. 执行决策。

6. 跟进评估解决方案。

再回忆一下，我定义了一个有效领导是"确保问题得到解决的人"，这是改变发起方在面质他人后必须做的一件事；他们与改变接收方一起，找到并执行使双方都满意的解决方案。这是一位在一个大都市警察局任职的中士如何解决问题的案例：

> 作为一线主管，一名新队员被分派到我的小组。他是一位资深警官，在同一地区工作了近十年。我在几个月里对这位警官的

表现进行了观察,发现他执行基本任务中有几个不足之处。

中士:在过去几个月里,我对你执行的初步调查方式不太满意。调查不深入,报告经常不准确,文档表格没有填完。我很担心,因为你负责调查的受害者指望你能准确地反映到底发生了什么,以追究肇事者的责任。不完整的初步调查可能导致我们在法庭上败诉,而且不能对非法分子的行为追究后果。

警官:我调查案件的年头比你在这里工作的年头还长。我确定我的报告没问题。

中士:我已经在过去的几个月给你提供了调查的反馈,但并没看到很多改进。我担心,如果按这样的趋势下去,我们不会为所服务的市民提供应有的服务,而有些罪犯则不会得到适当的处罚。

警官:为什么我在这里工作了12年,这是第一次有人提出我工作有问题?

中士:所以你想知道为什么你在这里这么久了,你之前的上司从没有提到你工作中的问题?

警官:以前有人提到过这些问题,但从来没有人坐下来跟我讨论过。

中士:那么,这是第一次有人坐下来跟你讨论这个问题?

第六章　如何满足自己的需求

警官：大多数时候我还没有机会告诉上司我能完成这项工作，他们就已经被调到其他部门了。

中士：你之前的上司还没有注意到你工作的改进就走了。

警官：是的，如果他们能待足够长时间，我就有机会告诉他们，也许他们可以帮助我把工作做得更好。

中士：我没有打算去任何地方，我想帮助你改进工作，如果你也想改进的话。听起来你是这样想的。

警官：我的确想改进，但有时候我不好意思问别人问题，因为其他人可能会认为我不知道怎么做事。

中士：你想提高你的业绩，但你不敢问问题，因为你担心我们团队其他成员或者我对你有看法。

警官：是啊！我可以想到队员们会在背后取笑我或开我的玩笑。

中士：所有的队员都会取笑你对工作不够了解。

警官：不是所有的人。我每次问乔问题的时候，他总是很喜欢帮助我。

中士：所以你和乔一起工作得很好。

警官：是啊。他真的对工作很了解。如果我有问题，他总能帮我走出困境。我想问他是否愿意在一周的几天做我的搭档，但我不想让他为难。

中士：你和乔在一起工作很好，你想一周有几天他可以成为你的搭档。

警官：是啊。我想如果他愿意教我的话，我可以从他那里学到一些东西。

中士：你会愿意接受乔作为一个导师之类的角色。

警官：有乔的帮助，我想我可以向你证明我能出色完成工作的。

中士：如果乔愿意帮助你改进初步研究调查，你认为你可以给受害者提供更好的服务，增加起诉成功的可能性。

警官：是的。我今晚就会问乔我们能不能一周有几天在一起搭档工作。

中士：听起来不错。我会继续就初步调查报告给你反馈意见。我也会与乔联系，看我如何可以帮助他来改进你的工作。

在接下来的90天里，这位警官的初步调查报告提高到一个令人满意的水平，他又开始独立工作。自此，任何问题都更容易处理，而且这位警官也更加开放地听取别人的反馈意见，并相信我会在这个职位上呆足够长的时间来帮助他。作为导师，乔取得的成果是，他申请了军官训练师的职位而且被录用，现在新上任的警官们都要经过他的培训。

在这个案例中，中士做了很多积极倾听（和"换挡"），但他也

第六章　如何满足自己的需求

是一个催化剂，帮助警官运用六个解决问题的步骤："我想帮助你改进工作，如果这也是你想做的。听起来你是这样想的"以及"你和乔在一起工作很好，你想一周有几天他可以成为你的搭档"。这位中士还向警官提供执行决定的帮助，他提出了"我会继续就初步调查报告给你反馈意见。我也会与乔联系，看我如何可以帮助他来改进你的工作"。

另一方面，这位中士让警官承担做决定的责任。通过积极倾听，他还传达了对警官在改变中经历痛苦的接纳。同时，这位中士在面对自己的需求时也没有退缩——他默默但坚定而自信地向警官传递自己的立场。

当面质整个团队要求他们做出改变的时候，领导往往需要扮演更积极的角色。我曾在一家公司做咨询顾问，这家公司的总经理不能接受他的团队成员们（部门副总裁们）不召集自己部门的员工开工作会议。在他面质团队后，很明显，团队成员们其实对召集员工会议并让员工们协助做出集体决策很没有信心。听到这些焦虑后，总经理希望下属可以允许他参加一两个副总裁主持的员工会议，这样他就可以观察并提供一些指导和训练。他们接受了那个建议。

除了通过指导和训练帮助他人改变，领导还需要提供有数据支持的反馈意见给团队成员，以便他们了解自己做得好不好——例如，月度成本和销售额、销售数据、生产数据，等等。再比如，如果你希望部门主管削减成本,你可能需要向他们提供定期的实际成本的数据和报告。

你对改变接收方了解多少?

这种影响他人开始改变的模型很少或完全不需要掌握改变接收方的诊断信息。这和传统企业中大多数领导使用的模型非常的不同,我称它们称为"诊断模式"和"面质模式"。

诊断模式要求领导们非常了解自己的下属——包括他们的个性、习惯思维和做事的方式,以及这样做的原因。据称,领导这样就会知道如何影响下属,从而让他们改变。

在诊断模式中隐含的假设是:领导应该对下属们的变化承担责任,领导对团队了解越多,他们就会选择更明智的方法来改变团队成员。这通常是一种微妙的操纵,团队成员的信息实际上只换来领导已经做出的解决方案。也许你像我一样,有时候听到过这样的陈述:

"用什么方式对付玛丽亚这样的人最好?"

"我不清楚应该按哪个按钮可以让凯伦改变。"

"让维克托接受新程序的方法就是让他认为这是他自己的想法。"

"你必须用不同的方式对待女人。"

"我就是弄不清丽莎的问题是什么。她没一点动力。"

这些描述都来源于"控制性言语"。相比从"影响性言语"转化而

第六章 如何满足自己的需求

来的面质模式,控制性言语在当今的企业和各类组织机构中大行其道。

在面质模式中,领导对丽莎问题的了解远没有丽莎对自身问题的了解重要。

在面质模式中,领导不需要考虑按动哪个按钮来改变凯伦。对于领导来说,公开和真诚地面质凯伦,帮助她找到自己的按钮更为重要。

在面质模式中领导们根本不在乎对方是男是女,年老或年轻,自由或保守,工程师或销售人员。领导看到的更多的是人们的相似性,而非差异;此外,即使存在差异,领导更关心的是了解人们如何感受,而不是为什么会有这样的感受。

在面质模式中,人们感受和行为背后的原因是他们自己的事,而非领导的。领导的事是了解自己的感受并公开真诚地与他人沟通这些感受。

在面质模式中,领导不会基于曾经的"个人案例"来操纵他人;相反,他们使用的方法是找到让双方都能接受的解决方案。

事实上,诊断模式严重束缚了领导。当员工的行为造成了领导的问题时,他们往往不能果断地采取行动。因为在此模式下,领导觉得需要了解造成问题和行为的原因才能对症下药,而他们通常不可能得到全面的数据,所以不能采取任何行动。人是复杂的,完全了解"什么才能让他们改变"基本没可能。由于对员工信息掌握不全面,许多领导推迟甚至回避解决问题,他们总觉得自己需要理解为什么一些人

领导效能训练

总是在工作中表现出低效、不合作、冷淡等态度。

在面质模式中，领导只需要了解自己的感受以及如何以不责备的方式与他人沟通就可以了；然后他们需要磨炼自己的倾听技能，以便和自己的团队一起找到双方都能接受的解决方案。

相对于试图揣摩别人的心思以便操控别人接受你的解决方案，面质并和团队成员一起解决问题的模式会更加简单（而且更直接和坦率）。

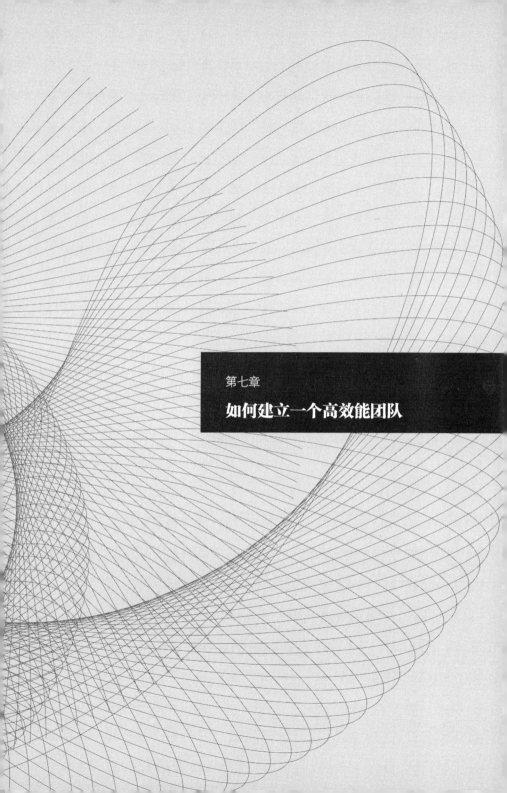

第七章

如何建立一个高效能团队

第七章　如何建立一个高效能团队

一些领导认为"一个会议就是一群人聚集在一起，每位参会者都不能独立完成任何事情，但大家在一起也决定不了能够做什么"。考虑到很多会议不仅效率低下而且乏味，因此并不奇怪为什么很多经理、行政主管、上司们觉得开会效率低而且没用，很少通过开会来解决问题。然而，领导很少能自己解决问题；正如我在前面第三章提到过的，领导并非无所不能，领导非常需要用自己团队成员的资源来帮助解决一些问题。而会议可以解决这个困扰。开会比其他任何方法更能帮助领导建立一个有效能的管理团队。

开会是不可避免的，但大多数会议可以得到长足的改善——前提是团队领导必须付出相当的努力。

领导为获取团队建设能力付出更多努力值得吗？从长远来看，收益是非常可观的。就如同我在第三章中强调过的：员工的自身得到发展；减少员工对领导的依赖，使他们更好地认同团队目标；打破地位差异坦诚沟通；为团队成员提供满足他们的高层次需求的机会（归属感、认同感、被尊重、自我实现）。而且在许多情况下，高质量的决策来自集体的智慧。

沟通力成就领导力

这样的效果并不容易实现，除非领导能够认真地思考下面这些问题：谁应该参加管理会议，如何制定会议议程，如何保持永久会议记录，会议保密的必要性，决策规则，团队有效的评判程序……本章将讨论这些重要事项，并将提供建议和指导方针，帮助领导更好地管理团队，更有效地发挥作用。

谁应该加入你的团队？

如果你想要建立一个团队，帮助你管理和解决问题，对你来说决定选择谁加入你的团队就非常重要。同样重要的是，成员们也需要知道为什么你选择了他们。

答案通常是由一张简单的组织架构图来决定，你直接管理的成员和你所有的工作团队，比如下图中显示你领导了一个由五位成员组成的团队：

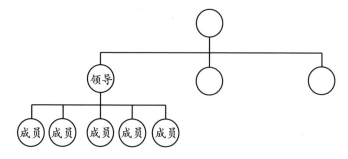

第七章 如何建立一个高效能团队

但还有一些领导会有更多的团队成员来执行某些"行政人员"的功能,而非"直线"功能,例如行政助理、人力资源总监、法律顾问、团队助理,如下面的团队架构图:

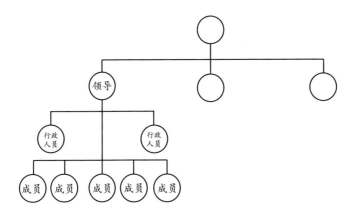

有这种团队架构的领导需要决定是否将他的"行政人员"也纳入管理团队。他们是否有"直线"成员所不具备的专业知识?他们是否想参加定期的团队会议?你认为他们是否有多余的时间参加会议?他们是否需要知道团队存在的所有问题(和解决方案)使团队能更有效地运作?在企业中,他们是否有意愿自我成长,并成为合格的、可以承担更多重要工作的员工?他们的技能是否太有限,不能对团队做出很多贡献,特别是对于你们团队通常面对的难题?

一些领导在考虑这些问题后,选择不把"行政人员"纳入管理团队。另外一些领导则决定将他们纳入管理团队。这里没有一个正确与否的答案,但我个人的意见是给行政人员机会,将他们纳入管理团队,亲身体验团队如何解决问题。有时行政人员有各种各样的原因自己决定不参加团队会议，例如：对团队贡献非常有限，不喜欢集思广益式的问题解决方式，或者对自身发展没有需求。很显然，这些感受必须得到尊重和接纳。

另一种选择是，给行政人员发出公开邀请，让他们自己决定是否参加解决问题的管理会议。这样的政策既不排除行政人员，也不强求他们在不想参加时必须参加。

这里的关键是保持组织机构的灵活性，以适应人员和组织目标的不断变化。

当管理团队的成员已经确定，你要考虑让每个成员指定一个替代参会者，当某位成员因故缺席管理会议时，替代参会者就可以参与会议。这种方式不会因为某成员的缺席而延迟团队决议，并且为替代参会者提供了训练和发展的机会。

如果一个领导有太多小组成员，解决问题和团队决策是否会更困难或更耗费时间呢？（在许多学校里，一个校长可能需要领导50名以上的教师。这种规模的管理团队通常会非常笨拙。）

一个可行的选择方案是用"代表"的方式决策。所有的教师推选几个代表进入校长的管理团队——可能是每个年级有位教师代表，或每门学科有位教师代表。选举可以每年或每两年举行一次，所以在相当一段时间内所有的教师都可能在管理团队中轮职。

第七章 如何建立一个高效能团队

小组会议未被很好利用或者说根本没用的一个原因就是：领导们缺乏对会议以及不同会议应该达到什么目的的连贯"理论"。他们仅用一种会议形式套用所有会议，或者使用一个会议来达到几个目的。他们还不会使用几个不同的会议，每个会议只实现一个目标。缺乏明确的指导，领导会发现他们的会议变成没完没了的讨论，结果什么都未达成。

首先，会议应分为两大类：

1. 信息分享会议。

2. 解决问题会议。

信息分享会议是为了个人成长、再教育、了解其他团队成员正在做的项目（包括其他领导们正在做的事情）。在这样的会议中不应该尝试解决问题，通常也不必要限制参加人数。信息分享会议适合于下面这些功能：

1. 领导（或团队成员）向团队分享他在其他会议中学到的知识或对其他企业进行的实地考察的感受。

2. 一位外聘顾问和团队分享一些创新或前沿的信息。

3. 各团队的成员（例如部门经理）与其他团队分享自己团队正在做的项目。

4. 作为高层管理团队的成员之一的某位领导和他的团队分享来自高层的某一举措或决策。

沟通力成就领导力

在这样的信息分享会议中，可以允许提问，但重要的是这并非解决问题的会议（当然就没有决策）。如果在此期间出现问题——通常会有问题出现——这些问题应该放在下一个解决问题会议的议程中。

解决问题的会议也分几种类型，每一种都与你已经熟悉的问题解决过程的六个步骤中的一个或多个相关：

问题界定会议（第一步）。

解决方案生成会议（第二步）。

评估和决策会议（第三和第四步）。

执行会议（第五步）。

定期召开管理会议（第一步至第六步）。

问题界定会议

所有的组织都存在问题，这并不能说明这个组织是一个"坏"组织或是病态组织。一个没有很多问题的组织说明其没有经历过成长、蜕变和适应的过程。

不幸的是，组织的领导并不总是知道存在什么样的问题。因为他们已经远离了问题出现的操作层面。而其团队成员们往往不愿向领导承认问题的存在。他们觉得风险太大——这会带来负面评价或受到批评。最终，日常工作中的问题往往不能得到解决。

第七章　如何建立一个高效能团队

领导必须有意识地努力发现和界定问题。他们必须"找到问题",因为问题并不总是来找他们。

问题界定会议就是找到问题的一种方式。这类会议可能涉及领导的所有团队成员或仅一部分成员。这类会议可以每月召开一次,或每几个月召开一次。

问题界定会议的目的是非常明确的:即在规定时间内找出尽可能多的问题,不用考虑任何解决方案。

领导们可以选择不参加这类会议,以消除团队成员们可能被领导评断的恐惧。如果小组会议的非评判氛围已经形成,团队成员们已经习惯于不带评判和指责地披露问题时,领导可以选择参加这类会议,因为这时他的存在不会影响问题界定。

一些简单的技巧可以促成问题界定。一种是"纸条法":参与者可以匿名将每个问题写在一张纸条或卡片上,并把它们放在一个盒子里。"翻转题板法",是指领导(或任何团队成员)把问题写在一个小题板上供其他人查看。还可以识别哪位同事提交了哪个问题,并将这位同事的名字缩写标注在问题后面。当然,谁提交了什么问题这个环节也可以完全被省略。

领导的角色并不复杂。他首先必须"组织"会议:确定会议目的、解释程序、制定规则(无须评价,无须举手发言,无须会议纪要,无须冗长的案例和演示,无须解决方案),设置时间限定。如果是口头

沟通力成就领导力

提交问题，领导可以使用积极倾听技巧，澄清各团队成员传递的信息，表明他对提出问题成员的（不带评判的）接纳。

问题界定会议的一个特殊应用，是在组织内即将发生重大变化，而此变化将对团队带来影响的时候（从高层下达的新政策，即将启用的新工艺、新设备、新形式，等等），领导可以向团队提出类似下面的问题：

"由于……的变化，我们团队可能出现哪些问题？"

上述案例将问题界定会议作为一个很好的载体，使领导可以达到在正式组织架构中对领导效能的要求之一，即在现实生活中，帮助团队成员建设性地应对变化所带来的影响。对变化的反应取决于受其影响者的解读。他们特定的解读反映了自己是否做好了心理准备，以及是否可以从容应对变化。显然，在组织发生变化时，全程参与问题界定是帮助员工应对变化的重要开始，以下是对一位经理采访中的一段摘录：

> 套用第三法（参见第八章）对某些主管来说是不合适的。他们已经习惯了用某种方式工作，如果需要做出改变，就会觉得不舒服。另一些主管正在使用第三法。鼓励员工参与问题界定和决策，例如购买新软件，这确实收到了不同于以往的效果。因为在这以前，当我们买了一些新软件，员工们会发现四百五十个错误。现在他们也参与了购买决策，我们目前没接到对新软件的任何抱怨，

第七章 如何建立一个高效能团队

他们认为这个软件很棒。

一些领导们定期让团队成员聚在一起发牢骚、抱怨和揭露问题。我们采访的一位主管讲述了他如何有效地利用问题界定会议。

> 当我们召开一个开放式讨论会议的时候，我会告诉他们："如果有人想谈任何事情，无论是什么事，可以尽管开诚布公地说出来。"我会倾听或给予我的意见。如果是跟我有关的，我总会问："作为老板，你认为我做得怎么样？" 我得到了很多好的答案。我只是想把问题放到桌面上："嘿，就你和我，我不是老板，你不是按小时领工资的员工。我们是两个个体。我想知道你对我的看法，我也会告诉你我对你的看法。"我发现大多数情况下这样的对话很有用……他们有问题，我也有问题。我们就坐下来讨论这些问题。我试着传递我的信息，我也试着倾听他们。我不是世界上最聪明的人——有些参加领导效能训练的人理解力比我强很多。但我总是认为，如果我能从一门课里学到一件事情，我已经学到了很多。这使我能更积极地对待我团队的员工。

解决方案生成会议

这类的会议通常被称为"头脑风暴会议"，这个术语可能最先由

沟通力成就领导力

亚历克斯·奥斯本提出,用来描述通过一个团队的创造力来寻求解决问题的方案。一个团队集体面对一个问题(这个问题可能是通过问题界定会议获取的),集中精力寻求替代解决方案:

我们怎样才能为客户提供更好的服务?

我们能做些什么来增加这类或那类产品的销售?

我们如何利用互联网来推销我们的产品?

我们可以做什么来提高客户黏性?

我们能做些什么来降低这种或那种产品的制造成本?

我们怎样才能改善医院的病人护理工作?

在评判(非接纳)的氛围下,创造力不可能蓬勃发展,正规的头脑风暴会议应遵循一定的基本规则:

无须任何评价。

什么都可以,就像一个"自由的飞轮",让你思路自由发挥,不要审视自己的想法。

在别人的想法上继续延伸自己的想法。

借用不同的参照框架来看问题。

因为这类会议的目的是产生的想法越多越好,所以团队成员试图解释或记录他们的想法都不合适——需要让他们进行简短而快速的表述。

第七章　如何建立一个高效能团队

团队中的某人（通常是领导但也可以不是）在白板或题板上迅速地写下大家的想法。之后可以对这些想法进行分类或归纳，使其更容易为下一步的评估做准备（通常在之后的会议中做评估）。

领导在其间的主要职能是倾听而非评判，并提醒成员们不需评判，同时鼓励团队创造性地思考，并保持快速的节奏。当头脑风暴的时间结束后，很重要的是要回顾每个想法，并确保每一个想法的意思明确、理解一致，尤其当评估解决方案将很快启动的时候。

这类会议可以很有趣，往往会激发大家的动力和热情。通常，团队成员们都会惊叹于提出解决方案的数量及独特性。

评估与决策会议

当问题界定或解决方案生成会议已经完成，领导们可能会召开一个特别会议，通过第三和第四步评估和决策，继续完成问题解决的过程。通常这两个步骤最好并入一个会议中，因为经过评估自然而然生成的解决方案是最好的。

不同于前两类会议，限制参会者数量将会使评估和决策会议更有效。如果超过 12 到 15 名参会者，达成共识就会更困难。这时团队就不得不退回到用错误的方式——投票表决——来做最终的解决方案（投票表决的缺点将会在之后提及）。

沟通力成就领导力

执行会议

领导可能召开一个单独的会议，让团队成员们一起决定如何执行之前做出的决策——谁什么时候做什么事情。我目睹过许多管理团队做出了高质量的决策，而忽略了制订计划执行的重要步骤。

当然领导可以单独决定如何执行决策，并可以任意指派不同的成员执行决策的某个部分。但不容忽视的是，团队成员们本身掌握了很多相关的信息，这些信息会直接影响决策执行的好坏：谁以前做过并有适当的经验，谁有时间，谁愿意或不愿意参与执行，谁有足够的人手帮助，谁有相关的资源（知识、数据、技能、设备），等等。经常性地鼓励团队成员参与决策执行的制定通常比领导单方面的决定更为高效。

定期管理会议

经常有人问我领导效能最重要的要求是什么，我的回答一直是"定期与你的管理团队进行解决问题和决策的会议"，暗示领导们要学习如何有效地召开会议。

套用一句老话："在一个低效的企业或团队，我会发现领导要么没有召开任何管理会议，要么根本没很好利用这类会议。"虽然这一表述可能有些泛化，但作为各类组织顾问的多年经验让我对自己的结

第七章 如何建立一个高效能团队

论充满信心。

冒着学术上的风险,我应该补充一点,大多数书籍和期刊文章在谈及企业组织管理时有相当一致的见解,即领导效能与他们对"团队建设""参与管理""双向沟通,相互需求满足""群体凝聚力""公平的社会交换关系""Y 理论"(道格拉斯·麦格雷戈提倡的高度协同合作与参与的领导力理论),以及由阿吉里斯和舍恩提出的"模式Ⅱ"(即领导们与有能力的团队成员共享权力,使每个成员的贡献最大化的民主模式)之间有很高的相关度。

这些理论都是抽象的,除非在我们的社会中领导决心应用这些理论,学习如何实现它们。

在第三章中,我罗列出一些参与管理会议的论点。现在我就如何有效应用这些论点提供进一步指导。

管理会议工作指南

许多主管、经理或老板基本不了解在召开定期管理会议前要做些什么才能使其发挥有效的作用。运行顺畅和有效的问题解决团队不是瞬间就能形成的,它会随着时间的推移逐渐发展。基于我帮助领导们建立有效管理团队的经验,我界定了 17 个独立的、领导和其团队必须面对的过程性或框架性问题。

沟通力成就领导力

并不是所有指南都适合每一个团队。有些更适合于中高层管理层，而非针对第一线工段班长。另外，一些建议是指理想状态下领导应该做的；而在实际情况下，领导们可能不用遵循我给出的指南——例如，最好在一个有很多白板或图表板的会议室里召开会议。（我见过有效的会议是小组成员们坐在工厂角落的旧木板凳上召开的。）

最后，我要强调的是，这些指南是为思想和态度上都已经准备好的领导们准备的。他们致力于发展团队成员，愿意建立一个有凝聚力的、具有解决问题和决策能力的团队，愿意提供给成员们参与解决问题六步骤中每一步的机会。

会议频率

多久开一次会因团队不同而异，主要由团队问题的数量、问题复杂程度及团队的效率来决定。

最好的情况是，团队能在同一时间、同一工作日召开会议，有定期的会议时间。

由于缺乏经验和议程，新成立的团队往往在一开始成立时会更频繁地召开会议。

一个团队会逐渐积累经验来判断多久开一次会才能解决团队面临的问题。

对于一些团队来说，在早上召开一个很短的会议就可以了。即使在有位成员缺席，甚至领导缺席的情况下，团队也应该像往常一样召

第七章　如何建立一个高效能团队

开会议。

会议时长

会议应该有严格执行的开始和结束的时间。

超过两个小时的团队会议必须设置一次休息。

最好用几个单独的会议来替代一个时间过长的会议。

开会积累了一些经验后,考虑到组织需求和疲劳因素后,团队可以自行决定其会议的时长。

会议优先级

团队在初始阶段就应该根据其组织需求来决定会议的重要性。

最好,相对于其他团队要求参加的会议,本团队的会议应优先参加。

每个小组成员应该负责地将来电转移到语音信箱,这样就不会在会议中途被干扰叫离。

团队可以赋予领导权限来决定某位成员必须参加其他团队更重要的会议,而缺席自己团队的会议。

替代参会者

每位成员应有责任指定在自己缺席时替代的参会人员。

每位团队成员应有责任及时通知替代参会者需要参加的会议,并提供足够的信息让替代参会者负责任地参与。

每位成员应赋予替代参会者全部权力,在团队会议中代表其发言。

会议地点

在办公室外举行的午餐会或晚餐会不是很有效。

有足够的座位和设施，具有私密性，安静和舒适的会议室是首选的开会地点。

会场布置

白板或图表板应在所有会议中提供。

每位成员应就座，以便每个人都可以看到其他人。

为了减少地位差异，领导不应该总是坐在桌子的一头。最好提供笔记本，以便参会人员记录。

当需要时，应向成员提供免费的咖啡、水等。

记录功能

团队应设立适当方式，记录本团队会议纪要。

有些团队有永久记录会议纪要的队员，另一些团队成员可能轮流记录会议纪要。不建议领导记录会议纪要，他的时间应该用来实现其他功能。

团队应决定需要记录的内容。最好只记录决策、处理未解决问题的计划、拟放入其他会议议程的新问题、任务分配和后续行动。

在记录了团队某些具体任务后，记录者应在整个团队面前确认其对下一步举措的理解，以确保记录的准确性。

小组的讨论过程无须记录。越简短的会议纪要，越有可能被他人

第七章 如何建立一个高效能团队

阅读并查阅。

一个非常有用的会议记录格式是：（1）一个简短的问题描述；（2）谁什么时候做什么。

这些纪要应被整理后通过电子邮件发布给出席会议的人员。

制定议程

团队，而非领导，应该制定自己团队的议程。这非常关键。

团队可以提前制定正式的议程，由负责提交议程的同事提交给负责做会议议程表的同事，在开会前发送给所有与会成员。或者团队成员可以在开会一周前，在一个位置方便的图表板上写下建议的会议议程。

最好的方式是团队在每次会议开始时制定议程。在这种情况下，每个成员都会在会议开始的时候被问及想要提出的议程。这些议程都会写在白板或图表板上。直到议程项目都已经被记录下来，再进行逐项讨论。

提前准备的议程具有先预告知成员哪些问题要被解决的好处，因此他们可以做充分的准备。但即使有提前准备的议程，也应在会议开始的时候让大家提出新的议程项目，以防在正式议程准备好以后又有新问题出现。

会议议程的优先级

团队应建立一个议程的优先级的排列程序，以便最重要的项目可以优先讨论。这可以在每次会议开始时很快完成，或者，在准备好议程的情况下，提交项目的人应该说明每个项目的重要性。然后，团队可以在每次会议开始时确定优先事项。

与领导通常制定会议议程不同的是，每一位小组成员都必须承担向小组通报其议程项目的重要性的责任。

发言规则

团队应该找到适合自己团队的会议沟通规则。

最好，先设定一个最基本的规则。有效的问题解决团队通常采用非正式的沟通方式，即不需得到领导许可，在他们觉得需要时自行发言。

在成熟的问题解决团队中，每位成员都承担着在适当的时候发表适当言论的责任，同时也鼓励其他成员发表意见。

领导必须特别注意，不要完全掌控团队的沟通模式，以免抑制参会人员的积极性，让其无法贡献自己的力量。作为领导，必须要消除成员们在领导面前感到压抑的状况。

适合团队的各类问题

团队的每位成员应清楚了解适合本团队的各类问题。

一般来说，适合自身团队的问题是：（1）最有可能要求本团队成员提供数据和信息来获取解决方案的问题。（2）解决方案可能会影响本团队或可能需要本团队成员执行的问题。

团队成员应该只负责解决影响自己职责范围内的问题，并确定给

第七章 如何建立一个高效能团队

团队带来的问题是否适当。

所有的团队应对不适合本团队解决的问题保持警觉,一旦发现,就要迅速分配给可以解决这些问题的其他团队的一位或几位同事。

每位员工,包括领导,都应该确切地告诉团队,需要得到什么支持:(1)一个决定。(2)生成最终解决方案前的各种提议。(3)一个合适的小组来测试初步选定的解决方案。

不适合开会的各类问题

团队不应该浪费时间来解决下面这些问题:(1)只关注少数成员的问题;(2)在团队层面不重要的问题;(3)要求团队成员做研究和初步资料收集的问题;(4)在团队职权范围以外的问题。

所有团队成员都有责任随时指出不适合团队解决的特定问题。

决策规则

团队应该争取在所有问题上达成一致。如有足够时间,团队应该继续讨论,直到找到每个人都认同的解决方案。

当团队成员对自己方案的正确性不是特别满意时,他们最终会赞成多数人提出的解决方案。

如果自己推崇的解决方案不被大多数人接受,团队成员应该保持高度敏感。

决不投票,除非这一次要决定对某一特定问题的立场。

对于某些类型的问题,团队成员们应该听从解决方案执行人的意见，或逻辑上与问题关系更密切的人的意见。

当时间不允许团队充分讨论以获取全部认同时，团队可以把最终决策权交给一位、两位、三位成员或领导，成立一个决策小分组进行最终决策。

团队会议的保密性

非常重要的是，每位团队成员都有责任对会议内容保密。在一个高效能团队中，成员们应该觉得他们可以表达任何感受或意见，并确保其他成员不会对团队以外的任何人引用他们的言论或意见。

团队成员应了解，唯一可以和团队以外任何人分享的安全内容是会议纪要。

在某些情况下，该团队可能会决定某一特定的决策不应在团队以外的任何场合讨论，或团队可以设定一些团队外探讨的限制条件。

每个团队成员都应该抱有这样的态度：他是一个家庭的成员，家庭内部的讨论不应与家庭外的人沟通。

会议议程的处置

在每个团队会议中，每一项议程应有一种或多种处置方式：（1）解决方案生成；（2）问题被分配给团队以外的其他同事处理；（3）问题交给团队内部的成员或小分组解决并提出建议的方案；（4）问题放入未来的会议议程中；（5）提交问题的成员撤回问题；（6）问题被重新定义并解决。

第七章　如何建立一个高效能团队

在任何情况下都不应遗留任何问题。

会议纪要

会议结束后应尽快完成纪要并分发给团队的所有成员。

一个团队应设立明确的规则，规定哪些人应该看到纪要，除团队成员以外，哪些人应该收到纪要。

团队成员之间应互相交流会议达成的共识，避免可能被误解的风险。

如果助理没有参加会议，但是整理并复制了会议纪要，他应该被告知对纪要保密。

每次会议纪要应至少包含以下内容：（1）团队达成的所有决策；（2）每项议程的处置记录；（3）所有的任务分配，包括时间期限、谁什么时候做什么。

团队效能持续评估的程序

让我们面对现实：团队，就像个人，不可能总是高效地工作。对团队成果的立即反馈才能促进团队学习。因此，高效能团队通常会建立特定的程序来评价自身的效能。

团队应采纳或设计一些评估其自身运作的方法。有些团队在每次会议结束时都做自我团队评估；有些团队并非每次都进行，而是采取周期性评估；有些团队使用书面评价，也有团队使用口头评价。

沟通力成就领导力

管理会议参会成员的职责

除非所有团队成员掌握了如何实现一些重要职能并为此承担责任，否则，一个管理团队永远不可能在会议中有效地发挥作用。虽然每个人都接受高效能领导的行为对会议的成功至关重要，但我们很少听到关于高效能成员的行为影响。然而，成员们的行为一样可以决定管理会议的成败。根据我的经验，毫不夸张地说，在参加问题解决会议时，大多数团队成员不知道如何有效地发挥作用。他们怎么可能知道呢？在他们平时的生活中，大多数人从未参与过这种团队。这意味着，当你决定召开管理会议时，由于团队成员缺乏经验，会议成效会受到影响。实际上你会面对更多的问题，因为大多数团队成员以前经常参加的会议类型都是由其他人召集的、不提供积极参与机会的、自动运行式会议。

你可能会记得前面章节中提过的领导如何面临团队成员的"应对机制"——他们从前与专制者关系中学到的行为模式。为了建立一个能在管理会议中高效运作的团队，你需要运用更具建设性的行为取代这些应对机制。

作为一个不同于你所认识的领导，你团队的行为会发生一些变化；他们将开始模仿你的行为。但你可以做更多的工作：为你的团队提供指导，传授他们最佳"团队成员行为"。这会让团队成员们大开眼界，

第七章　如何建立一个高效能团队

因为这对他们来说都是从未体验过的。你的指导也会帮助他们清楚地了解在开会时你对他们行为的期望。

会前团队成员的职责

1. 重读上次会议纪要，检查是否已经完成了上个会议中的所有任务。

2. 进行必要的事先安排，避免电话或访客干扰会议。

3. 提前计划以便准时到达。

4. 清楚地记住你要提出的议案。

5. 如果你提出来的问题需要团队的帮助，必须准备好材料或数据供大家参考。

6. 如果会前已经获得会议议程，研究自己是否需要做些准备，以便更好地参与讨论。

7. 如果不得不缺席，告知你的参会替代者并帮他做好参会准备。

会议期间团队成员的职责

1. 确认你提交了议程讨论项目，清楚地表述议案，不要显得漫不经心。

2. 当自己有意见或感受时，如实清楚地陈述，不要有感不发。

3. 注意力集中在正在讨论的议程上，并帮助其他人保持专注。

4. 当对其他成员的陈述不理解的时候，请求解释和澄清。

5. 积极参与——当你有些话要说的时候就说出来。

6. 承担为会议做出贡献的责任，这样有助于解决问题，例如：

提问。

让大家对讨论保持专注。

提出做决定的请求。

澄清成员的陈述。

总结。

倾听别人发言。

迅速制定议程。

在白板或图表板上写下重点。

7. 保护他人发表意见或感受的权利，鼓励沉默的成员发言。

8. 专注地倾听别人的意见，在适当的时候澄清他人的观点。

9. 试着创造性地思考可能解决冲突的方案，在团队里进行尝试。

10. 避免扰乱团队的沟通方式：幽默、讽刺、打岔、添油加醋、笑话、过度追求细节。

11. 会后写下来你同意做的事情。

12. 一直不断地对自己说："什么才能帮助团队推进并解决这个问题？我能做些什么来帮助团队更有效地发挥作用？团队需要什么？

第七章 如何建立一个高效能团队

我如何能帮助团队?"

会后团队成员的职责

1. 执行被分配的任务和承诺。

2. 提供给其他团队成员所需要知道的决策和信息。

3. 除了可以分享最终决定,对会议中所有言论和行为保密。

4. 不要会后抱怨自己赞同的决定,不要来回推脱。

5. 避免在会后向领导抱怨,你对其他人的感受应在团队面前讨论。

6. 不要求领导推翻团队做出的决定,可在下次会议上提出不同意见。

领导的特殊职责

显然,如果我们认为管理团队的领导也是成员之一,那么上一章节中提及的一切对领导和成员都同样适用。然而,由于领导的特殊地位以及在成员眼中的特定角色,他在管理会议中通常担负特殊的责任。毕竟,在正式组织机构中,领导确实拥有更多的"权威",他们总是对团队的成败负责。领导地位的特殊性,使他有必要履行某些特殊职能。

领导告诉他们的团队成员他们想建立一个解决问题和制定决策的管理团队,这是一回事,但是他们的话能否通过他们的所作所为来验证是另一回事。在一个我担任高级管理小组顾问的企业中,有一位成

沟通力成就领导力

员——一位副总裁,就他们的管理层会议发表了这番话:

> 戴夫(公司总裁)告诉我们,他希望我们成为一个民主的团队,并做出集体决策,但最后总是他做出决定。我们应该讨论问题并提出决策方案,但这些决策都是他的决策。我只是去参加,然后闭紧嘴。既然我们都知道老板总是以他的方式结束会议,为什么要浪费时间参加呢?

我对这个管理层会议的观察证实了副总裁的感受——总裁并没有做到他的承诺。他不是有意要欺骗他的团队。他们知道他不相信集体的智慧,不相信整个团队可以承担做出决策的责任。

我也见到过另一些领导,他们提出培养一种团队的"安全气候",即成员可以自由地发表自己的见解,可以不同意领导的想法。但在会议中,这些领导会无法遏制地使用负面评价、道德挟持、说教、宣讲、心理分析等沟通绊脚石。因此,他们团队的成员在会议上不敢公开和坦诚地表达——被拒绝的风险太大了。

在尝试让团队承担责任的早期阶段,领导必须花很大的力气避免成为成员参与的障碍,以及避免独断和控制团队的行为。这可能意味着,在游戏初期,为了建立一个接纳和非评判的氛围,你对团队做出的贡献应该限于创造此氛围的口头应答。创造这个氛围的主要沟通工

第七章　如何建立一个高效能团队

具是积极倾听、基本倾听、门把手和理解性应答。在对你的依赖减少或对你评价的恐惧消除以前，团队成员采取更积极的行动是有风险的。作为一位领导，直到团队成员觉得可以在你面前安全自由地参与讨论，可以接受或拒绝你对他们业绩做出的贡献，看待你就像看待其他成员一样时，你才能成为一个全方位、全职能的参与者。

团队成员们迟早会相信你说过这不是你的团队，而是我们的团队。一旦他们开始意识到他们为团队做贡献是安全的，一旦他们确信你没有操控他们接受你想要的解决方案——那么你将被视为他们的一员，而非领导。当这种情况发生时，你可以更积极、更充分地参与到团队当中，但这需要时间。

领导怎么能确切地知道什么时候才被成员们认为是团队一分子，而不仅仅是一位领导呢？你永远不知道确切的时间，但仍有一些线索表明团队已经准备好将你和其他成员一视同仁：

小组成员对你的称呼和对其他成员的称呼一样不那样正式了。

小组成员不会期望你宣布会议开始（或会议结束）。

小组成员彼此谈论他们的观点，而不是单独对你说。

小组成员能够自由发言，无须征得你的同意。

小组成员开始不同意或质疑你的观点。

团队的许多成员都具有很好的想法。

在你不是最终裁判的情况下，团队可以做出决策。

沟通力成就领导力

　　团队成员可以利用他人的资源和经验，而不仅仅依靠你的资源和经验。

　　团队成员在"贡献的过程" 中扮演积极的角色——那些改善团队功能的角色。

　　团队成员自发地面质扰乱或阻碍团队进步的其他成员，而不是期望领导面质他们。

　　从我个人的团队经验来讲——在我自己公司和其他聘用我为咨询顾问的公司里——当领导们开始着手建立一个高效能的管理团队时，一些与领导相关联的原则或指南就已经开始出现：

　　1. 团队越依赖领导，领导的贡献就越会抑制成员们的参与。

　　2. 领导和成员之间身份地位差别越大（基于团队成员们的感知），领导的贡献就越会抑制团队成员们参与。

　　3. 一旦一位领导变得像"一位成员"，团队成员们会更容易接受一位非领导成员频繁地参与会议。因为人们不敢阻止领导的参与，而对成员的参与则觉得可以掌控自如。

　　4. 如果一位领导能够意识到自己的参与可能会对团队产生潜在的抑制，她就能更好地控制自己的参与欲望。这种意识可以让领导更敏锐地观察到成员们被抑制的微妙迹象。

　　5. 在小组讨论中， 找到倾听他人意见和贡献自己观点的适当平衡

第七章　如何建立一个高效能团队

是领导和每位成员都面临的问题。即使一位领导成功地削弱了自身的领导角色，从而获得了团队成员的信任，他仍然面临着在倾听和贡献观点之间找到平衡的问题。

6. 一旦领导被团队认定是其中一员，他的贡献更容易因其提议的利弊而被团队接受或拒绝，而并非因为他是领导，提议就被团队全盘接受或全盘否定（因为成员们反对权威人物）。也就是说，拿团队发展的早期阶段和后期做比较，当团队把领导看作其中一员后，领导对团队的影响是完全不一样的。

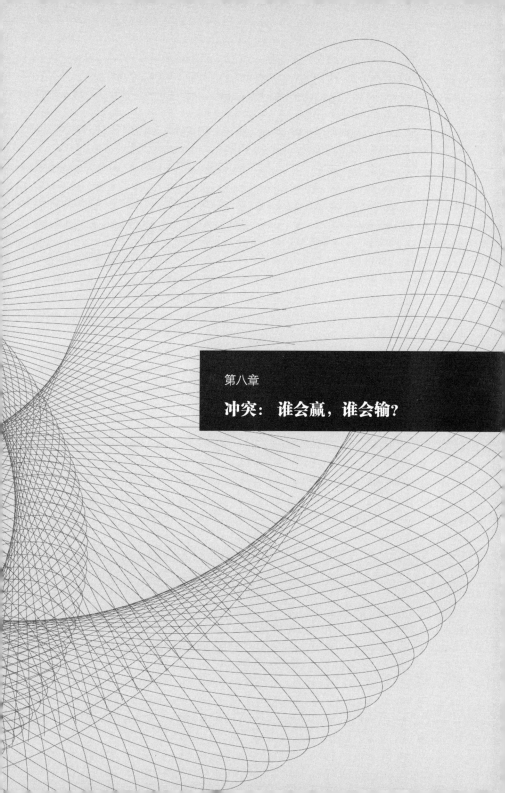

第八章

冲突：谁会赢，谁会输？

第八章　冲突：谁会赢，谁会输？

冲突，根据词典的完整解释，是一种碰撞或分歧，一种争论或争吵，一种抵触或对立，一场战斗或斗争——尤其是长期的斗争。这个词特用于严肃和激烈的事情。而且，正如每个人根据经验所知的，冲突在人际关系中是令人不快和具有破坏性的，对团队或组织也是不利的，甚至有时候要付出昂贵的代价。然而难以回避的结论是：人际关系中不可避免地会发生一些冲突。这就给人们带来两个任务：最大限度地减少冲突及解决无法避免的冲突。

虽然冲突在人际关系中永远无法完全避免，但有些是可以预防的，尤其是如果领导可以应用前面章节中描述的技巧和方法。这些技巧和方法及其他相关的技能，有助于防止冲突上升到全面爆发的权力斗争层面。

倾听技巧

如果一位领导有能力帮助团队成员或同事解决他们自身的问题，就可以做到预防冲突。毕竟，团队成员的问题可能会影响他们在工作上的表现，这显然会给领导带来问题，并可能造成他们之间的冲突。

假设有一天你观察到一位团队成员异常忧虑，心不在焉，虽然这种行为对你来说是不可接纳的——但每个人都会有这样的时候——你最担心的是如果这种行为持续数天,她的工作可能会受到影响,而这时你正需要依靠此人完成一个重要的项目。当然,你要努力接近她,并询问是否能帮上忙:"霍莉,我注意到好像有事情在困扰着你。跟我谈谈会有帮助吗?我现在有时间。"

通常,倾听他人几分钟会产生奇妙的影响:她的情绪暴露出来并逐渐减弱消散,问题解决模式开启,她甚至会得到一些解决方案。额外的好处是这也证明了对你此人的关心。如果问题得到了解决,你的倾听就起到了预防的作用。你防止了不可接纳的后续行为发生——例如,她不能完成项目。

面质技巧

显然,直接面质某人的目的是影响她改变一些导致你出现问题的行为。一个好的我-信息会增加你成功的机会,从而预防今后可能导致你们双方产生进一步的冲突,正如下面的案例:

经理:山姆,我一定要告诉你一些我的心里话。当我在各地出差的时候,听到一些客户抱怨我们延迟交货的问题,我感到很尴尬,然后心烦意乱,因为我害怕会失去一些客户。

山姆:是,卡洛琳,我理解你的担心。我想你还不知道我这里人手不够的情况已经持续两周了。

经理:不,我不知道。我真希望我之前就知道。我不认为我们应该把人手不够作为损坏客户关系的理由。

第八章 冲突：谁会赢，谁会输？

山姆：我们怎样才能防止这种情况呢？聘请临时工？

经理：这当然是你可以做的一种解决方案。

山姆：我不认为我可以做这个决定。你知道的，这需要一定预算。

经理：你不认为自己可以做决定。

山姆：对的。

经理：我们可以达成一个共识吗？山姆，今后你有权雇用一位临时工，但如果你要雇用不止一位，我们再一起讨论好吗？

山姆：好，我喜欢这主意。我想那会解决问题的。

经理：我也是，山姆，这会减轻我对延迟交货和顾客不满的焦虑。

管理会议

如果一位领导能成功地建立一个有效解决问题和制定决策的团队，就可以防范许多冲突的出现。因为今天的问题没有解决，常常导致明天的冲突。同时，在有效的管理会议中制定的政策和规则可以提供给大家一个清醒的认识——哪些可以做，哪些不可以做，这有助于减少"不可接纳"的行为，从而防范未来的冲突出现。

例如，几年前在我自己的公司里，管理团队做出了一个决定，能够有效消除某种频发冲突的出现。我们采用了灵活工作时间政策（或称为"弹性工时"），即在保证一周40个工作小时的前提下，员工们可以自由选择他们上下班的时间及花多少时间吃中饭。这一政策防止了很多冲突和误解。

同样的政策不一定适用于所有企业，但它显示了管理团体的决定能够有效预防冲突的功能。

预防性我－信息

面质性我－信息的一个变异就是预防性我－信息——一个简单的你需要或想要什么的陈述。通常，这类我－信息是在任何不可接纳的行为发生之前使用——因此，称之为预防性我－信息。"我今天需要完全封闭才能写好我的演讲稿"传递了一个你的特别需求：告知团队成员你不能被打扰，尤其在今天此种行为是不可接纳的，可能引起与团队成员的冲突。请再次注意，这样一个预防性我－信息比传递下面的你－信息更有效："今天在任何情况下你不要来打扰我。"

表白性我－信息

另一种形式的我－信息用于沟通（声明）你想什么，相信什么，或看重什么。这样的信息通常也可以防止冲突，因为它们让人们知道你的立场。"我更喜欢面质他人而不是通过电子邮件"，这句话很清楚地揭示了你的立场所在，它告诉你的团队成员用电子邮件与你沟通是不可接纳的。既然他们知道你的立场，就可以避免发生与你之间的冲突。当你们之间出现问题时，他们也会有意识地和你进行面质。

虽然这些方法和技巧确实防止了许多冲突，但领导期望与他人永远不发生冲突的想法是幼稚的。事实上，正如我之前所说的，没有冲

第八章 冲突：谁会赢，谁会输？

突可能是一个低效能团队或企业的症状——没有持续发展、改变、适应、改进或创造性地迎接新挑战。经验使我相信，团队（包括家庭）中冲突的数量根本不能说明他们是否"健康"。真正的指标是冲突是否得到解决，以及通过什么方式解决。问题是否得到解决至关重要，因为一些领导倾向于避免解决冲突而采取回避态度，希望冲突会自行消失。

我听过很多高管自豪地描述他们的团队或企业："我们就是一个幸福的大家庭——我们和睦相处，没有问题。"我总是怀疑这样的领导，就像我也质疑一些夫妻的说法："我们已经结婚二十年了，从来没有吵过架。"因为这通常意味着他们的冲突不允许被暴露，因此就没机会面对冲突。

有些人实际上很害怕冲突。他们在其中会感到焦虑和不安，所以他们采取"不惜一切代价的和平态度"。因此，他们避免被卷入任何带有冲突的事情当中。但他们将为这种态度付出代价，因为避免冲突的结果是可预测的：

1.积累怨恨。这在所有的关系中都是真实的，不仅限于领导和成员间的关系。当冲突一直没有解决，怨恨会逐渐积累。然后，也许几个月后，当一个小问题出现时，所有积累起来的怨恨通常与当时特定问题不成比例地爆发。

2.转嫁自己的感受到其他的人或事。在办公室无法解决冲突的领导可能回到家把她的怨恨转嫁到家人身上：抱怨自己的丈夫，大声训

沟通力成就领导力

斥孩子或自家的狗。

3. 抱怨，诽谤，说闲话，普遍不满。一个企业中存在未解决冲突的最明显的标志是一种过度抱怨、背后指责或不停说闲话的氛围。

关键是领导不能回避冲突，因为怨恨会逐渐积累，不良感受会被转嫁，在冲突存在的时候，在一起共事的人们甚至都能感到不满和敌意。冲突不应该被隐藏或压制，而是应该公开妥善解决。

如果冲突在大多数企业和团队中是不可避免的，它们是如何发生的，谁又参与其中呢？

一些冲突发生是因为领导发送的我-信息不能影响他人将其行为从不可接纳改变为可接纳。甚至一些好的我-信息也会遭遇失败，这通常发生在对方对继续特定行为有强烈需求或对改变有强烈恐惧的时候，例如在下面这样的情况下：

在我所知道的一个企业中，公司总裁觉得其中一个研发部门没有经常向她汇报项目的进展信息。总裁对部门主管进行了面质，发出适合的我-信息，并得到保证此种情况会得到纠正。几周后，总裁仍然没有得到进展报告。再一次面质也没有取得成功。显然，总裁的需求和该部门主管的需求之间存在一些冲突。后来，他们两人在一次会议上发生了冲突。总裁了解到，该部门主管非常排斥向总裁进行汇报，主要是害怕被批评，或害怕总裁插手，对与自己利益最相关的"宠爱"

第八章 冲突：谁会赢，谁会输？

项目做出实质性的改变。

在一个小律师事务所，合伙人对他们办公室的清洁工作感到不满。我－信息确实让清洁人员在短时间内进行了更彻底的清洁。但一个星期后，他们又恢复了原来邋遢的打扫方式。

一个基金会的会计被面质，抱怨她的月度报告过于复杂和难以理解，但几个月后，总裁几乎看不出有任何改进。

在管理会议中，冲突往往出现在解决问题过程中的决策步骤中。解决办法之一是选择团队大部分成员同意的决策，但一两位成员对此决策的强烈抵制和长时间的讨论会导致团队不能达成统一决策。

作为一位领导，你将毫无疑问地可能与各种各样的人发生冲突：与你全部的管理团队，与一两位自己的团队成员，与你自己的领导，与另一个部门或团队的负责人。最后，你可能会卷入你自己两个团队成员之间的冲突中。

对我所说的冲突做一个总结：冲突是严重的、不愉快的、具破坏性的；它们在人际关系中是不可避免的；有些冲突可以通过有效的沟通避免发生；它们发生在不断成长和变化的组织机构中；它们往往出现在我－信息发送失败的情况下；它们经常在团队解决问题过程中确定最终决策时出现；你可能会卷入与你任职企业内的任何人的冲突中。

沟通力成就领导力

解决冲突的三种不同方法

现在让我们回到行为窗口图解中,并注意到人际关系的冲突属于窗口的最底部。

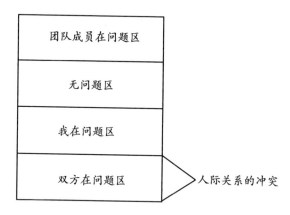

大多数领导无法理解解决冲突的方法——这看起来很复杂,他们感到措手不及,而且缺乏准备。冲突使他们害怕,产生紧张和焦虑(及沮丧)的情绪。冲突只会使他们对那些有争议的行为或有不同意见的员工感到愤怒和不满。一些领导认为冲突是他们无能的表现,是失败的信号。

这样的反应并不奇怪,因为这来自领导以前的经历,可以一直追溯到他们的童年时期。对于大多数人来说,小时候与兄弟姐妹或和同伴们争执时,或与家长、老师、学校管理人员发生冲突时,会引发恐惧和愤怒,有时或许伴随心跳加快、大声叫嚷、关系破裂。过去的冲突对大多数人来说变成了一场权力斗争,在这场斗争中,注定有人要赢,

第八章 冲突：谁会赢，谁会输？

有人要输。这使人际关系不可避免地受到了损害。

这些冲突的负面经验很容易解释。在人们的一生中，在他们大部分的人际关系里，人们都用输家赢家法（或者已经习惯于此方法）作为解决冲突的途径，这就意味着有人输了，有人赢了。实际上，有两种输赢的方法，大多数人都使用其中一种：

第一种方法：我赢了，你输了

第二种方法：你赢了，我输了。

现在更广泛被接受的是解决人与人之间冲突的第三种方法：无输家法。我们在领导效能训练中也称它为第三法，它很容易理解和学习。我们教授给领导如何在各种与他人冲突的情况下运用它。不过获得第三法运用自如的能力并不容易，需要大量实践。第三法需要领导了解如何运用沟通技巧（倾听和信任技巧），来促使他们抛弃一些根深蒂固的与他人相处的习惯性模式。

这一章的剩余部分解释了两种"输赢"的方法——确切地说，介绍它们是如何运作的，以及使用它们时会产生什么结果。在下一章中，将解释和说明无输家法。

第一法和第二法如何运作

让自己进入戴安·李的角色——一位部门经理，有五位主管直接

沟通力成就领导力

汇报给你。你收到了他们其中一人的备忘录，汤姆·谢恩，告诉你他打算解雇弗兰克，他小组的一个工人。你不理解这个决定——弗兰克已经在这个企业工作多年，并且一直是位优秀的工人。你当面告诉汤姆你的困惑，希望他认真考虑他的决定。汤姆拒绝了，并再次表示他确信弗兰克必须被解雇。

现在发生了一个冲突。如果你现在告诉汤姆他不能解雇弗兰克，他必须想方设法和弗兰克一起解决问题，你就在运用第一法解决冲突：你赢了，汤姆输了。第一法可以用下面的图表示：

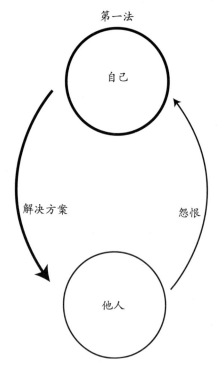

第八章 冲突：谁会赢，谁会输？

在第一法中，你以牺牲别人的方式强加一个解决方案来获得你的利益。你的需求得到了满足，而他人的需求没有被满足。你的解决方案占了上风，他的提议被拒绝了。失败方不可避免地对获胜方感到不满，因为这对他似乎不公平。使用社会交换理论的术语，这是一种"不公平的社会交换"，结果对你有利。我稍后会详细地指出，你要预计到破坏你和汤姆关系的负面反应。

第一法，很明显，是以输赢解决冲突的方法，这种方法还有其他几个名字：

单边决策。

威权决策。

领导为中心的决策。

操控决策。

如果不用第一法，假设你反对汤姆解雇弗兰克，但听到他不愿改变自己的决定，你就不情愿地放弃和让步。虽然你觉得自己是对的，但还是让汤姆自己决定。也许你害怕失去他的友谊，或者你讨厌陷入一场严重的冲突，或者你希望被汤姆看作一个好人。不管什么原因，你让汤姆赢了，你输了。他的需求得到了满足，你的需求未被满足。他的决策占了上风，让你觉得这是"不公平的社会交换"。你开始怨恨汤姆。稍后，我们将会看到，汤姆将承担你怨恨的后果。

沟通力成就领导力

使用这种方法，就是与第一法直接相反的第二法，但也是一种输赢的方法。这种方法也经常被称为：

放任管理。

软性管理。

员工为中心的决策。

下属决策。

放任型领导。

第二法可以用这个图表示：

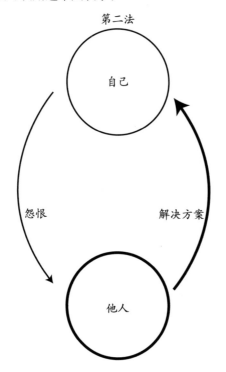

第八章 冲突：谁会赢，谁会输？

也许你已经看到，无论过去还是现在，许多致力于教导或撰写领导力或组织机构发展的文章的人士，在第一法和第二法方面已经产生了很严重的两极分化。有数以百计的文章、书籍作者以强势立场表明"领导必须做出最终决定""领导者必须领导""决策是领导的特权""武断的决策是不可避免的""只要足够明智使用，权力即可行使""领导必须公平但坚定""好经理赢不了比赛"以及与此主题类似的其他说法。

"人际关系"思想流派的反对者抨击其支持者，理由是他们提倡"放任领导""柔性管理"或采用"自由放任"的姿态对待员工。简而言之，他们常常把"人际关系"等同于第二法，即以牺牲领导的需求为代价，使团队成员们的需求得到满足。当然，拥护权力至上领导方式的人们会说："领导的需求得到满足是最重要的，所以一位领导必须使用权力。"但这听起来还是像第一法。

我认为没有一个思想流派是正确的。当领导以牺牲团队成员的需求为前提满足自己的需求（第一法），或是牺牲自己的需求满足团队成员的需求（第二法），都必定会付出惨痛的代价。究竟领导会为这两种姿态付出什么代价呢？我先来讲第二法，因为第一法的结果和影响是相当复杂的，需要深入分析权力这个概念。

沟通力成就领导力

使用第二法付出的代价

谁喜欢在冲突中成为输家呢？为了满足他人的需求而剥夺你的需求永远都是不公平的。你会积累怨恨和愤怒，当然不会对与对方之间的人际关系感觉良好。或者你会把自己的不良情绪带回家，转嫁给你的另一半。你甚至可能会对成为赢家的人生闷气，不高兴。更严重的是，你甚至会对自己的工作产生不安全感，因为你担心对方之所以会在冲突中胜出是基于牺牲企业目标而实现的。为了满足团队成员们的需求和愿望，为了获得一个快乐和有共识的团队，领导一味牺牲自己通常付出的代价就是拥有一个效能低下而且不以"任务为导向"的团队。一定要记住，高效能领导必须建立一支既有良好人际关系又有高效率的团队。

同样的道理在放任的父母和他们的孩子们之间也是一样的——老师与学生之间也秉承同样的道理。在一个放任的家庭里，孩子们变得不为他人着想，自私，不合作，爱占小便宜，常常完全失控。一个过于放任的老师的班级里总是充满各种混乱——侵略性的言辞举动，嘈杂的环境，喧闹的孩子们——无法拥有一个孩子学习或老师教导的良好环境。

从长远来看，第二法是自我挫败的手段，这说明大多数领导并不真正喜欢放任。之所以有些领导喜欢第二法，是因为与专制相比较，

第八章 冲突：谁会赢，谁会输？

这似乎是一个更好的选择，他们并不知道还有第三种选择。

使用权力付出的代价

为了让人们接受并执行一项他们不赞成的决定——这些让他们感到自己是输家的决定——需要动用权力，无论是直接行使权力还是威胁行使权力。但什么是权力？怎么使用它？一个人是怎样得到权力的呢？

当一个人拥有剥夺他人需求的能力的时候，他就拥有了权力。行使权力是使他人以某些特定方式做一些他们本身不认同的行为——让他们做不愿意做的事情。心理学家通常用"剥夺他人的手段"一词来表示"惩罚"，因为剥夺我们非常想要的东西的感觉就是惩罚。"如果你不做我要你做的事，那么我会剥夺你所需要的东西。"这个权力来源的使用是强制性的，因为接受者感觉被迫服从领导的解决方案。

另一个权力的来源是拥有为他人提供所需的手段，以换取他人对自己欲望的顺从。"如果做我想要你做的事，我会给你需要的东西。"在这种情况下，顺从是通过获得好处或奖励的承诺，或承诺消除可能被剥夺的恐惧来体现的。

因此，惩罚和奖励是一个人获得权力的来源。这就是贯穿本书的权力的具体定义。稍后我将区分权力和其他两个重要概念：影响力和

沟通力成就领导力

权威。

为使你的权力在人际关系中有实际功效，对方必须相对依赖你来满足其需求。为了让你的团队成员执行你单方面做出的他们不赞同的决定，他们不仅非常需要你提供的奖励，而且基本不能在其他的地方得到相同的回报。团队成员越是依赖你去满足他们的需求，你的权力就越大。

例如，在经济萧条而造成高失业率期间，雇员更依赖于从雇主获得工资或薪金，显然是因为他们很难在其他地方找到工作。

一个尚未得到公司退休金计划的雇员会非常依赖他的雇主，因为如果他在没得到退休金之前离职，将失去相当多的退休收入。

如果你的一位团队成员拥有特定的专业技能并能为你的企业带来良好价值，但此技能对其他企业并没有很大价值时，他会更依赖你。

行使权力的另一个必要条件是，你的团队成员有一定程度的恐惧；如果不遵循你单方面做出的他们不赞同的决定，他们肯定害怕你会动用惩罚。威胁惩罚某人或剥夺某人权益是一回事，付诸行动是另一回事。领导权力的存在只有通过使用才能显现出来。使用频率越高，团队成员对领导的恐惧就越强烈。相反，如果你根本不使用自己的权力，他们的恐惧就会减少。

根据我的经验，大多数领导并没有意识到这些条件对于权力发挥

第八章 冲突：谁会赢，谁会输？

效力是必需的。如果意识到这些，他们就会明白使用权力必须付出的代价：拥有依赖性强和顺从的团队成员，他们长期处于恐惧和焦虑状态。尽管看起来很矛盾，但大多数领导坚信他们需要使用权力来提高效能，但很少有人会说他们想拥有依赖性强和充满恐惧感的团队成员。然而，为了使权力真正发挥效力，这些条件恰恰是必要的。

也许现在很容易解释为什么在当今社会中，这么多企业的领导发现他们不能过于依赖权力了。要么他们一开始就没拥有权力，要么他们的权力还太小。多年来，由于许多不同的因素，领导与下属之间的权力差距在不断减少，如：

1. 工会和行业协会的出现，极大地限制了雇主对雇员采取强制性行动的可能性。

2. 工作流动性的增加——现在员工在其他企业中找到职位容易了很多。

3. 在政府机构从业的雇员很难被解雇——如教师和政府雇员。

4. 技术进步带来的高技能工人数量的增加，使企业在解雇老员工训练新员工中付出高昂的代价。

5. 将经理和主管的一些权力转交给人力资源部门的趋势所致——例如薪酬管理、员工福利、申诉处理流程，等等。

在一些企业中，可以肯定的是，领导的权力是被法律或规章制度

沟通力成就领导力

严格限制的。在许多组织机构中领导是由成员们选举出来的，如果他们采用专制和强权就可能被罢免或弹劾。在公益组织中——服务性俱乐部、兄弟会、民间团体、政治团体，以及类似的机构中——领导几乎没有权力。

总之，第一法要求领导使用权力来强迫人们做他们不想做的事情。权力来自以奖励或惩罚的手段获得的行为顺从。问题是，为了让权力在人际关系中真正起作用，人们必须非常依赖领导同时又害怕他们。然而，在大多数企业中，员工并非需要依赖或害怕他们的领导，因为员工自身已经拥有相当大的权力。

人们对权力的反应

捍卫第一法的人在解决冲突中忽视的是强制力对人们及其人际关系的实际影响。没有人喜欢输，没有人喜欢打破利益平衡、偏向另一方的人际关系，没有人愿意被强迫做一些不喜欢的事情。难怪权力能引起人们如此多的不同反应——人们反抗它，回避它，抵御它，或者尝试减弱它的影响。这种对权力反应机制的术语是"应对机制"。

减少向上沟通

权力对组织机构有效性最具破坏性的影响之一就是——团队成员对领导的向上沟通显著降低。经常使用奖惩手段的领导们总是抱怨他

第八章 冲突：谁会赢，谁会输？

们永远不知道发生了什么事，这毫不奇怪。"没有人告诉我任何事""我是最后一个知道的人"。

任何一位推崇第一法的领导都知道问题的根源。独裁领导的成员们不愿意暴露问题，因为他们知道这会给老板一个强加解决方案的机会。他们觉得与老板分享实际情况没有安全感，因为担心随之带来的不愉快后果。"老板什么都不知道我就不会受伤害"是害怕老板的员工们的普遍心态。

权力不仅降低了向上沟通的频率，同时也影响了沟通的准确性。在很大程度上依赖奖惩制度领导的关系中，团队成员有选择地发送他们认为只会带来奖励的信息，避免可能导致惩罚的信息。"告诉老板他想听的内容"支配着他们的行为。自此游戏的名称就变为"只告诉他避免惩罚的事情"或"别被抓住"。

当领导的强制行为降低了团队成员的效率时，权力最容易导致适得其反的行为，例如在以下这种情况中：

格罗瑞娅向自己的部门主管发出紧急呼吁，请求得到所需要的信息来解决问题、做出决策。这些要求常常被她的老板忽视几天甚至几周，导致重要决定的延迟，严重降低了部门的效率。格罗瑞娅害怕面质她的老板，因为过去她面质老板总是失败，以至于不得不接受不可操作的解决方案。格罗瑞娅现在花了很多时间把自己的请求做成书面备忘录，这样，当她的部门绩效受到批评时，可以拿出文件来捍卫自己。

显然，在这种情况下，格罗瑞娅的应对机制降低了工作效率。由于不能坦诚地面质她害怕的老板，她变得更具防御性。

讨好及其他迎合性应对

投其所好是团队成员面对操控型领导的一个不寻常的应对机制，这样他们就可以被领导归类于"关系好的那边"。其目的是在某种程度上寻求领导的批准，而不是寻求权力差异，从而在团队或小组中一味奉承和"讨好"频繁使用权力的领导。人们很快就会发现领导并不给予所有团队成员同等的奖励和惩罚——领导也有自己最喜欢的成员，就像老师们有自己"宠爱"的学生一样。

献媚奉承有两个风险：就是老板发现成员在刻意讨好，而且其他团队成员通常不喜欢这样的同事。

一个企业中如果有经常性的奉承讨好，此类行为的员工被套上了一个特殊的名称："老好人"。它是指人们有意识地努力赞同有权力的人的观点。这种应对机制虽然有时会起作用，同时它也会冒着被领导和其他成员反感的风险。

第三种迎合权力人士的方法是有意显示自己外表或智力方面的魅力。性吸引力的运用在企业中很常见，虽然它早已证明会适得其反而且很危险。同样，炫耀自己才能的员工往往比奉承领导的员工更让人讨厌。

第八章 冲突：谁会赢，谁会输？

破坏性的竞争和对抗

最可预见的对强制权力的应对是增强团队成员之间的竞争和对抗，在极端情况下会导致滥告状、欺骗、隐瞒、说闲话或人格诽谤。"行政套房"和"企业丛林"式的权力斗争和人际争斗并非是传说和虚构的。这种普遍行为的根源可以追溯到原生家庭，当父母用强制权力进行奖赏惩罚时，孩子们的应对机制就是撒谎，滥告状，贬低、指责他们的兄弟和姐妹——美其名曰"兄弟间的竞争"。无论在家庭里或企业中，领导使用重剂量的奖惩政策，在团队成员间制造白热化的竞争，让他们进入追求奖励并巧妙地回避所有惩罚的圈套。

这个逻辑异常简单："如果我能让别人看起来没那么好，我相对看上去就会很好；如果我能指责别人，我可能会避免受到惩罚。"

与一个高效能管理团队所需要的合作和团队精神相比较，团队成员之间的竞争和对抗是一个彻底的对立面。这就是为什么对一位操控欲强的领导来讲，团队建设仅是一个抽象的空洞。

服从和保持一致

有些人学会了用服从、和领导保持一致来应对权力。他们选择服从和顺从，被动地屈服于拥有更多权力的人。这里的逻辑是："如果我按照老板吩咐的去做，就能得到更多的奖励，但我不会再做更多的事情。"

的确如此，一些领导会觉得听话的员工最有吸引力。想象一下，

沟通力成就领导力

老板说什么手下做什么的场面！问题是：这些人通常都要被告知做什么，否则他们就什么都不做，他们缺乏主动性和创造性。当事情出错或有出乎预料的事情发生时，领导必须花大量的时间给他们指明方向，为他们解决问题。高管们向我抱怨，他们的员工时经常会说"你来做主"或者"你只要告诉我该做什么，我就确保它能完成"。更糟糕的是，领导可能并不确切地知道应该做什么。比这还糟糕的是，领导可能认为自己知道，但实际上他们什么都不知道。一位中西部液压泵制造企业的厂长和他的一位工段班长进行了这样的谈话：

厂长：你知道这零件上下做颠倒了吗？

工段班长：对的，我知道它上下颠倒了。我在楼上就告诉他们了，但是没人听。所以军令如山——我们就把它颠倒过来做了。

经理：你知道这不对，是吗？

工段班长：我知道。但我唯一能做的是，当他们发现这个零件做错的时候，确保自己不在现场。

在这种情况下，工段班长的"服从"显然适得其反，就像和领导保持一致一样。大多数领导不想服从于团队成员，这是我在许多经理投诉中听到话：

"这些人不知道如何承担责任。"

第八章 冲突：谁会赢，谁会输？

"他们为什么不主动采取措施呢？"

"我不知道所有问题的答案！"

"我们需要的是有人可以独立地开展工作。"

"他们明明可以自己解决问题，却把问题甩给我。"

叛逆与反抗

与服从和顺从相反的是叛逆和反抗。你是否认识一些习惯性与权力对抗，固执地反抗强权的人呢？或有一些人，当强权领导告诉他们必须做什么后，他们转身做了完全相反的事情以示反对。这些都是常见的应对机制，很可能是在幼儿时期为了抗争父母或老师权力的时候学会的。

这种模式的变化也会出现在团队成员中，他们对领导的意见或建议的反应是自动抵抗和反对。对强制和操控进行防御的强烈需求造成了叛逆和反抗的应对。它是一种保护性的姿态，常伴有对拥有权力者的怀疑。

叛逆团队成员的反抗导致了想解决问题、想推进项目的成员的受挫和愤怒情绪。逆反的成员拖后了团队进度，因为无论怎样，必须正视他们的观点并处理他们的分歧。因为反抗是持久的，其他人会看穿它，并意识到这是对强权领导的反抗，而非对领导观点的反抗——但这会直接影响团队的效能。

形成联盟和共同体

在组织机构行为的相关研究文献中有很好的记载，为了平衡强权带给领导的优势，团队成员们倾向于形成联盟或组成共同体。"团结就是力量"是这种应对机制的基本原则。孩子们应对家长也是这样："让我们达成共识，我们都坚持星期六去迪士尼乐园。" 学生们应对老师们也是如此："如果每个人都抱怨家庭作业花费时间太长，老师可能会减少作业量。"

通过非正式的相互沟通，工作团队成员一起制定"规范"，保护他们免受管理者单方面的限制：生产力标准（什么是"一天公平的工作量"）、质量标准、午休时间等，不合作的员工可能会受到嘲笑或骚扰的惩罚。一个单独的个体在反对强权方面会处于不利地位，但作为团体与管理者进行谈判通常更为有效。基于这一原则，工会形成了，伴随而来的是雇主与雇员之间权力差别的逐步减少。

也许强权必然会产生另一种最终战胜它的力量，并带来更适当的权力平衡。强权为自身播下了破坏的种子。"头戴皇冠，心神不安"。

退出和逃避

有些人应对强权的方式是找到自己从人际关系中退出的方法——个人疏离或者心理上退出。团队成员尽可能避免与专制的领导进行互动——"尽可能远离他"和"远离他的视线范围"。这种应对机制可以在小组会议中观察到，有些成员故意不发言，因为害怕被评判、被

第八章 冲突：谁会赢，谁会输？

贬低或被告知该做什么。

研究表明强权管理者管理下的员工离职率较高。如果有机会，大多数人会放弃一份领导有强烈控制欲和操纵欲的工作。我曾经认识一位高管，所有的员工和同事们都认为他是一位权力至上和非常喜好评判的老板。在不到三年的时间里，他的四个助理都辞职了，原因是他对待他们的方式。

权力对领导的影响

同样重要的是权力对其拥有者的影响。权力对其拥有者到底产生了什么影响，很少在企业管理和领导力相关的书籍和文章中提及。然而，我相信权力对其拥有者的伤害和对被施加者的伤害一样多。如果更多的领导能够明白这一点，他们中的大多数会接受规劝，停止在其人际关系中使用权力。

时间成本

因为权力会导致来自人们的多重反抗，并激发人们挑战使用权力的领导，因此不难理解为什么领导必须花费大量的时间和精力面对这样的反应。然而，领导经常为使用权力做辩护：相对于不使用权力，使用权力在解决问题或冲突方面会花费更少的时间。这是一半的真理。用第一法做决策确实比集体决策节省时间，但大量时间将被花费在大家接受单方面决策的过程中。在我担任顾问十多年的一家公司的总裁承认了这一点：

"当我用第一法解决了所有冲突，我很骄傲自己是一个能迅速做出决策的人。麻烦的是，我往往需要花费十倍于做决定的时间去克服对此决定的一切阻力。我不得不花很多时间去'推销'我的决定——让别人买账。从长远来看，这消耗了我更多时间。"

我观察到一些高管非常投入地花了几个小时撰写了一份冗长的备忘录，以证明其单方面的决定是正确的；他们其实清楚地知道执行该决定的人们对此会产生多少阻力。

执法成本

如果强加一个决策到人们头上，他们通常没有什么积极主动性来实施决策——尤其是一些让他们感觉自己是输家的决策——实施单方面的决定不仅困难而且耗时。学校是最明显可以感受到这点的地方。根据他们自己的估计，老师们在课堂上需要花费多达75%的时间来强制执行校领导班子单方面制定的与第一法雷同的规章制度。

在其他组织机构中，许多领导也必须扮演警察的角色。当对规则或政策的接受度很低的时候，人们寻找各种不正当的手段避免服从——消极抵抗，"遗忘"，撒谎，或者伪造记录。监督员工使第一法的成本大大增加。

第八章 冲突：谁会赢，谁会输？

异化成本

严重依赖权力的领导的隐性成本之一是他们与团队成员疏远了。领导与自己团队的关系不可避免地恶化，这就解释了为什么这么多领导会说他们感到"孤独地在顶端"。这里有两个因素：首先，团队成员肯定不会对领导感到温暖，因为他们害怕喜欢使用权力、带有敌意的领导；其次，有操控欲并使用奖惩的领导会发现，如果他们与任何团队成员关系亲近就会被指责"偏心"。为了避免这种情况，强权的领导通常不会太接近自己手下的员工，或套用军队用语，与他们"成为弟兄"。

难怪企业中强权领导和为他们工作的员工很难建立亲密的友谊。这是作为领导的不幸代价，也是使用权力的隐性成本之一。

压力的代价

高级管理人员和负责人的工作压力很大——常常损害他们的身心健康，这是一个被广泛接受的观点。我们认为作为领导的代价，总是伴随着紧张、焦虑和担忧。我们被告知，作为领导不可避免的代价是高血压、心脏病、胃溃疡或者嗜酒上瘾。那么领导压力大，是不是不在于其独特的职责，而是因为大多数领导都使用权力呢？权力能让它的使用者"生病"吗？

一个强有力的例子可以证明这个概念的正确性。使用权力的人因为各种各样的原因，在其人际关系中必须不断保持高度的警惕：他们

沟通力成就领导力

必须大力推行强加给别人的规则；他们经常要警惕比他们权力更多的人；他们怀疑可能破坏"权威"的那些人；而且，因为人们通常不能完全坦诚地对待那些掌握权力的人，所以领导可能会变得不相信他人。

这些已经使领导产生足够的紧张和压力，但还有其他因素。使用权力——以牺牲他人的利益为代价获胜——通常会产生内疚感。领导会担心对方如何以及何时来实施报复。同时，经常使用权力的领导往往被锁定在一个追求更多权力的永久循环中，他们学会玩"权力游戏"，或者他们变得具有"权力饥饿"。也许这些追求权力造成的后果正如阿克顿勋爵想到和所写的："权力导致腐败，绝对的权力导致绝对的腐败。"

作为数百位领导的咨询师和顾问的经验告诉我，那些贪恋于权力游戏的领导们创建了不信任、猜疑、偏执、警惕、紧张、内疚、焦虑的自我"心理地狱"。通过使用权力，他们制造了自己身体和精神的双重"疾病"。

影响力递减的代价

获得权力将带给领导更多的影响力是一个普遍的认识，但与其恰恰相反，权力实际上使领导失去对团队成员的影响力。要理解这一悖论，我们必须记住，在英语中的一个词，"权威"，它和"权力"是两个完全不同的概念：

1. 权威来源专业于知识、经验和训练。

第八章 冲突：谁会赢，谁会输？

2. 权威来源于奖励和惩罚的权力，用以促进服从。

结合第一种概念我们说："我咨询了一位权威""他说话具有权威性"，或者，"她在她的领域是权威人士"。这种权威的使用涉及教授、提供事实和知识，所期待的结果是影响他人。这叫权威 K（K 指知识）。

结合第二种概念，我们说："老板对她的雇员有权威""给某人指派任务前先要赋予他权威""谁是这里的权威？""他们不尊重她的权威""他们挑战她的权威"。行使这种权威包括使用权力，可预见的结果是强加于他人。这叫权威 P（P 指权力）。

当一个领导使用权威时，团队成员很少受到影响；他们是被迫的。但如果领导选择只使用权威 K，团队成员可能会被影响。

为什么权威 P 的使用减弱了权威 K 的效力呢？正如我们所指出的，权力往往助长抵抗（主动或消极抵抗）、退出和反叛，在这种情况下，权力显然不能制造顺从。

还有第三种截然不同的权威概念，不是源于拥有专门知识和技能，也不是来自奖惩的强制权力。事实上，它是第二种类型的影响，领导通常成功地用于其团队成员。我们称它为权威 J（J 指工作）。

一架喷气式飞机正接近跑道，即将降落在洛杉矶国际机场。机长有力地大声说："放下襟翼！"副驾驶会毫不犹豫地拉动手柄放下襟翼。几秒钟后，机长问"空中速度"，副驾驶立即回应："空中速度140。"

机长是否使用了权威 P——强加权力？一点也没有。然而，副驾驶执行（或服从）了机长的指令。机长是否使用了权威 K——给予建议、事实、经验呢？还是没有。但很明显，机长成功地影响了副驾驶，使其严格执行了机长要他做的每件事。机长的影响来源于哪里呢？

毫无疑问，机长的影响力来自他是机长这一事实。那是他的工作，是他工作职责的一部分（或工作定义），当飞机下降的时候他告诉副驾驶什么时候应该放下襟翼，什么时候应该大声读取空中速度。副驾驶理解并接受机长的指令；这是副驾驶自己的工作职责的一部分，当机长说"放下襟翼"，他没有任何延迟地放下襟翼。读取空中速度也是如此。

权威 J 是"被认可的"权威——是第二种对他人的影响。权威 J 成功的关键是，影响力的接收者理解和接受了影响者的"正确性"，以指导自己的行为。其他常见权威 J 的例子还有：

一位高管告诉她的助手："请给所有外国代表发一封有关会议的电子邮件。"

家长协会主席在会议开始时大声宣布："让我们起立唱国歌！"

董事会主席用木槌用力敲了敲桌子引起大家注意："现在开会。

第八章 冲突：谁会赢，谁会输？

女士们，先生们，请回到各自的座位！"

护士对病人说："换上这件长袍。"

与权力（权威P）不同的是，这种"合法"的权威存在于一个企业的任何工种和职位的结构性关系中。它通常被称为"合法的权威"，源于人们对已建立的工作岗位的期望。一般来说，试图以权威J为基础来影响他人的行为不可能产生反抗和怨恨，因为无论工作内容是什么，每个人为了完成工作都理解并接受，这类影响是必要的。

权威P有任意性，但权威J没有。后者是大家所期望的，即为组织的高效付出的代价。它基本不会产生怨恨和敌意。

然而，经常使用强权的领导（权威P）会发现他来自权威J的影响也会招致同等的反抗和怨恨。可预见的是，即使领导的意愿仅是影响他人，人们会把在一种情况下被强制的感受带到另一种情况下。

当领导诉诸权力（或在军队里称之为"滥用职权"）时，报复行为并不少见。

你有没有观察到员工们对尝试使用合法权威来影响他人的反应会是这样：

"无论你说什么，老板。"

"是的，夫人，如果你这么说的话。"

"你是老板。"

"马上，先生。"

员工在这些话里的情绪来自领导之前使用过的权威 P。

最后一个警告：虽然在尝试用权威 J 来影响团队成员，但在沟通的用词上，如果领导表示出她高高在上的优越感或大家必须服从的态度，那么接收者对这些行为的感受还是被迫强加而非接受影响。当领导真的相信他们比自己团队的成员们更优越更有价值，他们就会情不自禁地表现出对团队其他成员的高傲，因为在一个持久关系中，隐藏自己真实的感情基本上是不可能的。

第四种权威，我称之为权威 C。因为它衍生于两人或多人间的缔约。这是一个大家都能接受的协议或决策，其范围可以从简单的互相握手到签订正式的国际互惠条约。在大多数情况下，正式合约是不需要的，例如一个经理和其团队成员在为使用会议室的时间达成一致意见，或一位同事同意项目完成的最后期限。

这种影响的关键是双方达成了都能接受的协议。这些缔约和协议避免了反复处理或解决同样的问题。

总而言之，只要领导避免使用强权胁迫团队成员服从单方面的决策，他对团队的影响就会更深远。

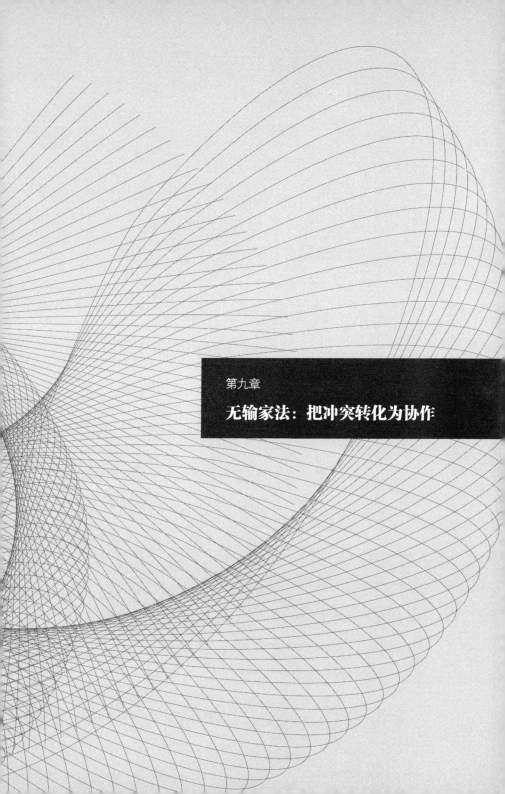

第九章

无输家法：把冲突转化为协作

第九章　无输家法：把冲突转化为协作

虽然大多数人都已经从自身的经验得出，以输赢解决冲突的第一法和第二法承担着破坏人际关系和降低组织效率的高风险，它们仍然是大多数领导选择运用的方法。其中有很多不同原因，最可能的两种原因是：领导很少或根本没有任何个人经验来运用其他的方法解决冲突；在大多数领导心目中，对他人施予最大影响等同于拥有最大权力。

大多数孩子们在家庭成长环境中，父母一方或双方有意识地频繁使用奖励和惩罚的手段使孩子们按照成人的决定行事。一项全国性的对家庭暴力的研究发现，80%的父母承认他们使用过普通体罚，比如打屁股和打耳光。近30%的父母承认他们对孩子们的暴力行为可能上升到了虐待儿童而被关押的地步！同样，在学校里奖励和惩罚一直是老师们用来让孩子们在课堂上"遵守纪律"的主要工具。让我惊讶的是这些做法几百年来没发生什么根本变化。这意味着，当青少年们步入成年时，除了自己儿时成年人使用过的用强权让自己顺从的模式，很少有人接触到其他解决成人和儿童冲突的模式。

所以，孩子们很少有机会体验用非权力的方式建立与成人的人际关系。他们所有的经验来自强权和统治。即使你像我一样询问年轻人，为什么权威和权力没能让他们遵从老师和家长的要求，他们经常给予的回答是："我想他们应该再多用些权力。"

难怪在过去35年期间，十个中有九个参加过领导效能训练的学员了解到有一个实际可行的替代输赢解决冲突的方法时表现出难以置信。毫无疑问，当这些领导听到使用权力将使他们失去对他人的影响力时，他们对此表示质疑。事实上，他们中的一些人参加领导效能训练的期望是这个课程会教导他们如何更明智、更好地使用他们的权力——而非不要使用权力。

什么是无输家法？

替代输赢方法解决冲突的没有任何一方会输的第三种方法——被称为无输家法。如果你还记得高效能领导的定义，即领导不仅拥有满足团队成员需求的能力，同时拥有满足企业需求的技巧："高效的领导必须具备灵活性和敏感性，知道何时何地使用这些不同的技巧来实现同时满足团队成员和领导的需求。" 无输家法就是以此为目的。这是一种相互满足需求的解决方案。

因为输赢的倾向在我们的社会中很普遍，所以在介绍无输家法时，大多数人的第一反应就是新鲜而陌生，这与他们以前的经验完全不同。

第九章 无输家法：把冲突转化为协作

然而，大多数人其实已经有很多运用无输家法的经验，只是他们自己没有意识到而已。

两个孩子关于玩什么发生了冲突。梅兰妮想玩"房子"，但米歇尔想玩她们的玩具车。每个人都试图说服对方（"成为赢家"）。最后，米歇尔提出了这个解决方案："如果现在趁天还没黑的时候你先和我一起玩'汽车'，我就会和你一起玩'房子'。天黑以后直到晚饭前，我们去我的房间里玩'房子'，好吗？"梅兰妮想了想说："好吧。"

这就是无输家法！孩子们随时随地都在使用它。只要有孩子们的地方，他们可能一直都在用它。

丈夫和妻子准备去野营。关于谁来准备饭菜，他们之间发生了冲突。他们讨论后得到一个双方都能接受的解决方案：丈夫同意准备晚餐，但妻子需要准备早餐，这样他就有时间整理好渔具并放到船上。他们都同意可以各自吃自己的午餐。

这也是无输家法的实际运用！丈夫和妻子经常使用它来解决各种冲突。另外，朋友间也通常使用无输家法来友好地寻求一致的解决方案，比如去哪家餐馆，什么时间开始周日的郊游，到哪里一起去度假，谁带什么食物去野餐，等等。

显然，大多数人对无输家法都有很多经验。那为什么在领导和团

沟通力成就领导力

队成员的关系中很少使用这种方法呢？在亲子关系中也很少使用，在师生关系中同样很少使用呢？这是因为在这些特定关系中一方的权力明显大于另一方，而这种情况在孩子们之间、夫妻之间或朋友之间并不存在。在这些关系中，权力多少是平衡的。

很难逃避这一结论：当人们拥有权力时，他们很倾向于使用它。当他们没有权力的时候，将意识到无输家法是唯一能够使用的方法。当然，他们也可以对另一个人（第二法）让步，但没有人愿意这样做。

因此无输家法（或在领导效能训练中我们称之为第三法），需要领导承诺不使用权力，虽然他们通常有比团队成员有更多的权力。相反，当冲突出现时，领导的态度是：

你和我有需求的矛盾。我尊重你的需求，但我也必须尊重自己的需求。我不会向你施加权力，达到我赢你输的目的，但我也不能让步，以自己的失败为代价让你赢。所以让我们达成一个共识去寻找一个解决方案来满足我们双方的需求，这样没有人会成为输家。

将第三法用图形表示，看起来会像下图。

第九章 无输家法：把冲突转化为协作

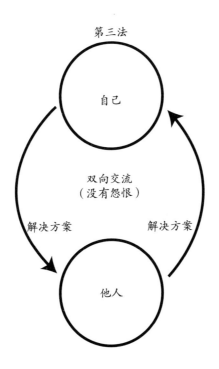

在前面的章节中，你可能记得，我挑选了一个特定的冲突来说明第一法和第二法。那是关于是否解雇一位员工的冲突。这一冲突在真实生活中是通过第三法解决的。戴安娜和汤姆之间的谈话录音在下文中完整呈现，因为它呈现了使用无输家法解决冲突的会议中所发生的事情。实际对话在左边一栏，我在右边一栏对整个过程进行了评论。记住，无输家法是一种特殊的解决问题手段，所以整个过程涉及与解决问题相同的六个步骤（见第三章）：

1. 问题识别和界定。

2. 生成替代解决方案。

3. 评估替代方案。

4. 决策。

5. 执行决策。

6. 跟进评估解决方案。

戴安娜： 早上好，汤姆，你今天早上好吗？

汤姆：很好，戴安娜。

戴安娜：我能请你进来讨论一下关于弗兰克的事情吗？

汤姆：你是什么意思？关于弗兰克的什么事？

戴安娜：我知道你想解雇他。

汤姆：是的，看来你收到了我的邮件。我建议我们解雇他。

戴安娜：我想了解更多，汤姆。是什么导致了这个决定，为什么你觉得这是必要的？

汤姆：戴安娜，我对此有些感

戴安娜在这里发送了我－信息而并非指责或评判汤姆，例如"你不应该做出这个决定"或"这是一个糟糕的决定"。

第九章 无输家法：把冲突转化为协作

触。首先，我认为他是一个制造麻烦的人，他已经严重干扰了你想让我完成的工作。我接手了这项工作——其实就是一个烂摊子——我已经尽力进行清理，但只要弗兰克在那里，我就无法工作。他老在找我麻烦，不听我指挥，他就是一个麻烦制造者。但我有点不明白你为什么质疑我的权威。

戴安娜：你不能完成你需要完成的工作，因为弗兰克给其他员工带来麻烦；现在我又在质疑你的权威，增加了更多的麻烦。

汤姆：是的，我不太明白。你把我放在那个位置上完成工作，现在你又说："等一下，你做得不对。"我认为一个主管应该有权决定哪位员工适合在其团队，我的决定是弗兰克应该离开。

戴安娜：你觉得是否解雇员工

戴安娜用积极倾听来表达她理解汤姆对自己困境的感受。

应该是你的权力。

汤姆：是的，我不喜欢被他人干扰，我认为我的工作很出色。你可能会认同我已经清理了很多问题。我们建立了新的程序，我们团队的工作效率也更高了。我对我们所做的感到很满意。

戴安娜：你对自己所取得的成绩感到很满意，但你觉得我在干扰和猜疑你。

汤姆：我想你是在怀疑我是否应该开除弗兰克，或者我是否有权力解雇他。

戴安娜：我不怀疑你有权力解雇他，但我认为有一个问题，汤姆。弗兰克已经在我们这工作了二十年，并一直是位令人满意的员工。我想如果你在他的位置上被我解雇的话，弗兰克或其他员工还有你自己也可能会感觉到有问题。或者你

另一个积极的倾听反应。

戴安娜继续用积极的倾听回应表达同情和理解。

这里戴安娜在以自己的立场定义问题。

这里戴安娜有些说教的口吻，激起了汤姆的下一个防御性响应。

第九章 无输家法：把冲突转化为协作

在公司工作了很长时间，一个新老板来了，也许是个性冲突，老板决定解雇你。我想你可能也会觉得不舒服，对吗？

汤姆：就我们有个性冲突这点，我不同意。

戴安娜：我只是用个性冲突举一个例子。让我收回这个例子。你并不觉得问题在个性冲突上。

汤姆：不，我想这是一颗老鼠屎坏了一锅汤的情况。我觉得如果把弗兰克留在团队里，他反抗我的倾向就会在团队中蔓延开来，我将失去团队对我的尊敬和权威。

汤姆根据自己的感受来定义这个问题。

戴安娜：我明白了，你觉得你需要尊重但弗兰克却不能做到，你需要树立权威才能完成应该被完成的事情。

戴安娜在积极倾听汤姆提出的一个新的更深层次的问题方面做得很好。通常在解决问题的过程中，"呈现的问题"可以被重新定义为一个更基本的问题。

汤姆：对。如果下属和我有不同意见，我不介意，但在整个团队面前不同意我的意见,这就是弗兰克所做的!然后团队其他人都觉得他们也可以随时不同意我的意见。

戴安娜:这很有趣。他当着整个团队的面不同意你的意见,这特别困扰你。你觉得这破坏了你在大家心中的权威。

汤姆:对。

戴安娜:汤姆,我对这有些困惑,关于你需要权威和权力的感受。

戴安娜用门把手技巧邀请汤姆详细阐述他对权力的需求。

汤姆:嗯,我相信如果需要把工作做好,清理这里的烂摊子,你必须让你的员工知道你是老板。

戴安娜:我明白了。然后你想让他们知道你说话算话,你可以做所有的决定。

另一个有效的倾听响应。

汤姆:对。我不喜欢别人对这些决定质疑,这样我会觉得这个人的整个态度和道德观是错误的。

戴安娜:汤姆,我想在这里我

第九章　无输家法：把冲突转化为协作

看到了第二个问题。除了我们开始谈到的问题之外，我现在看到了一个我想了解更多的问题——就是你觉得你应该行使的管理方式。确实有些人利用他们的权力有效地完成工作，但我认为它有很多缺点，并想和你一起探讨。有一些数据让我相信，如果你用这种权力至上的管理方式，你手下员工离职率会升高，你们团队的士气会变得更低迷，你不会做出好的决定，因为你没有得到所有需要的信息。如果你在驾驶一艘很挤的小船，所有人都害怕告诉你你不喜欢的东西，那么他们就不会给你很多信息。没有这个信息你就不能做出一个好的决定。但听起来你觉得不做一个专制的老板，你就不能很好地管理你的团队。在我看来，这两个问题是相互关联的。如果弗兰克，一个工龄很长的员工

戴安娜识别了第二个问题（一个更基本的问题），并试图把它与第一个问题分开。在试图影响汤姆考虑他的领导风格导致的后果时，她转化成为一个咨询师的角色。

被解雇，你不仅需要考虑找替代他的新员工——你也知道找到好员工很难；而且他在这个部门很受欢迎，你认为他对其他人有一定的影响。我认为这就是别人喜欢和他相处的证据，那就有可能其他一些人也会申请离职。要么马上离职，要么等找到另一份他们更喜欢的工作后离职。如果你的团队里失去了几个人，那么你想做的事是不可能完成的。你在清理工作问题上做得很好，但是你必须有好的员工去做这些事情。

汤姆：对。

戴安娜：所以我们这里有两个问题。我想和你探讨一下你的管理风格，以及弗兰克的问题。

汤姆：我知道你所说的管理模式和我认为的管理模式有区别，但是我不知道该怎么对付像弗兰克这

目前，戴安娜和汤姆只完成了解决问题过程的第一步：识别和界定问题（在这个案例中，有两个问题）。

第九章 无输家法：把冲突转化为协作

样的人。

戴安娜：当弗兰克以他的方式对待你时，你会感到非常困扰。即使你想采取不同的管理模式，你不是很清楚应该怎么做——你应该做些什么才能和以前不一样。

汤姆：是的。

戴安娜：我明白了。这是一个很多人都不理解的问题，汤姆。我想，关于这个问题也许有几个信息来源。我希望我能对你有所帮助，人力资源部可能对你也会很有帮助。

戴安娜进入解决问题的第二步，为第二个问题提供了一个可能的解决方案。

汤姆：我想让你和弗兰克谈谈。你愿意和弗兰克谈谈吗？

戴安娜：你想让我单独和弗兰克谈谈？我愿意，如果……

汤姆也进入了解决问题的第二步，对第一个问题的提出一个解决方案。

汤姆：我对他什么都做不了。

戴安娜：让我们进一步探讨这个问题。你觉得你和他之间无法取得共识。我的经验告诉我，对于拥有问题的人来说，自己面质造成问题的人很值得尝试。你有没有确切地告诉他你的感受，告诉他问题是什么？

汤姆：嗯，我没和他坐在一起谈过。我相信他知道我的感受是什么——我对他的做法很不满，但是，不，我还没有和他坐下来，像你和我讨论这个问题一样讨论我们之间的问题。你是建议我和他就这件事开个正式的会吗？

戴安娜：是的。

汤姆：我认为那不会有什么好处。我不认为他是愿意改变的那种人——基于他的年龄和经验。但我想我愿意尝试一下。

戴安娜：如果你愿意的话，我愿意加入这个谈话。我觉得最好我不直接找他谈话，因为这样会破坏

现在戴安娜进入解决问题第三步，评估汤姆提出的替代解决方案。

戴安娜回到第二步，对第一个问题提出解决方案。

汤姆进入第三步，评估戴安娜提出的替代方案。

戴安娜提供了另一种解决方案（第二步）。

第九章 无输家法：把冲突转化为协作

你和他之间的关系——不是你在他面前的权威——这里有细微的差别。你与他的关系，我认为这才是最主要的。但是如果我能促成此事，帮助你理解他，也帮助他理解你，我会很乐意这样做。

汤姆：好吧，你觉得我先试试没有你参与如何？如果我遇到困难，我想我会的，然后弗兰克和我可以跟你一起讨论这个问题，因为我不确定我是否能和他达成共识。

汤姆提供了另一种解决方案（第二步）。

戴安娜：我认为这是个好主意。我有另一个建议。你可能也会想到这一点，如果我们早上碰个头，我们可以做一个小的角色扮演——假装我是弗兰克，我们可以练习一下怎么谈好。

现在进入第四步，制定决策，戴安娜同意汤姆的解决方法。戴安娜进入第五步，实施解决方案，即她提出和汤姆角色扮演谈话场景。

汤姆：那会有帮助的。在我跟他谈话前先演练一下。我想这肯定有帮助，因为在不了解他的态度前我还是有些拿不准，所以你可以给我些建议应该怎么做更好。

戴安娜：嗯，很好。我们找到了一个问题的解决方案。另一个问题是尝试帮助你成为一个不同类型的经理。你认为我们该怎么办？

汤姆：我知道我们有一个咨询顾问，他提供这种训练项目。

戴安娜：是的，事实上，在你加入之前，公司已经做了一些主管训练项目。我们有一些关于这方面的材料，有些是直接可以用的。如果你去人力资源部拿到这些文件，会很有帮助。

汤姆：好的。

戴安娜：还有加州大学洛杉矶分校也开设了一门课程，叫管理研讨会，可能也会有帮助。让我帮你查一下，看看是否还有这门课？如果你愿意参加的话。

戴安娜证实了第一个问题的答案，并回到第二个问题的解决过程：汤姆的领导风格。

汤姆提出了一个可能的解决方案，戴安娜在之后的对话中也提出另一个解决方案。

仍在第二步，提出另一个解决方案。

第九章　无输家法：把冲突转化为协作

汤姆：那是个好主意，我一定会考虑一下。和你这样讨论真是太好了。

汤姆同意了，制定决策再次发生，双方都同意这个解决方案。

上述对话说明了哪些是第三法（或无输家法）可以成功解决冲突的典型情境：

1. 冲突各方进入解决问题的过程，并至少到达第四步，即决策，而且常常超越第四步。

2. 必须根据双方的需求、感受或关注点来界定和理解冲突。你希望你的立场被理解，你也要清楚对方的立场。

3. 非常重要的是每个人的需求、感受或关注点需要用我-信息表达，而非通过责备或评判的你-信息表达，那样做通常会阻碍问题解决的进程。

4. 必须使用积极倾听，因为它传递了你对他人感受的接纳和理解。只有这样，对方才会愿意理解你的感受。

5. 最初"呈现的问题"往往会变成一个更深层或更基本的问题，这也是必须解决的问题。

与两种输赢法不同的是，无输家法是解决冲突的"开放式"方法。冲突各方都不知道最终的解决方案将是什么——它是开放的、不确定的，它只是从解决问题的六步法中衍生出来的（当然，这是已知的）。

沟通力成就领导力

另一方面，在两种输赢法中，通常每一方（或一方）都有一个先入为主的解决方案，而任务就是利用权力获得此方案的合理性。这就是为什么输赢法经常从解决方案竞争转变为权力的斗争。简而言之，第三法寻找一个各方都接受的互惠解决方案，而并非通过权力斗争使一方服从另一方的既定方案。

寻找解决方案并不需要权力，而需要创造性思维。第三法就像解决一道难题：

"让我们集思广益，看看是否能想出一些能满足我们双方需求的解决方案。""什么可能解决我们之间的冲突呢？""我们有一个问题要解决，让我们更有创意些！"

以下的案例来自领导效能训练的客户，详细说明了他们如何利用第三法解决一个非常敏感的问题：

背景事实

我们公司（一家位于中西部的大型公司）近年来进行了大量的组织机构变革。在这以前，公司基本上是由四位高级合伙人管理的四个独立的业务集团组成，并各自为政。公司的业务由一组核心公司组成。一部分是由建筑公司、地产开发公司和房地产经纪公司组成的多元化商业房地产集团。另一些相关的业务包括了从主业分离出来的一些合资公司。其中最主要的合资企业是一个小型的桥梁事业部和一个多家

第九章 无输家法：把冲突转化为协作

庭住房事业部。

作为我们最近的组织机构调整的一部分，高级合伙人各自为政的组织架构转型为一个传统公司的架构。各自独立运营式架构被淘汰，取而代之的是传统的企业架构。这种新的架构包括首席执行官、首席运营官、首席财务官和首席员工及组织机构发展官。这些新任命的高管们现在管理以前四个独立运营的集团，并将它们作为一个协同集团统一管理。最近，四位高管对公司从各自独立运营转换为单伞式架构的问题进行了尝试性的评估。

第三法

建设集团由两个建筑公司组成，分别称为第一事业部和第二事业部，每个事业部由不同的合伙人或高管管理。相对其在1999年和2000年的目标，第二事业部的盈利很不好。第一事业部成立37年了，第二事业部规模较小，成立10年了。

新的首席运营官（以前是负责地产开发部的）已经得出结论（即在第三法的术语中称为"解决方案"）：第二事业部应该被并入第一事业部，不再单独运营。这样设计的基础是为消化第二事业部未能实现的财务目标。第一事业部领导也将取代第二事业部的领导。首席运营官的"解决方案"，意味着第二事业部领导的工作岗位会消失，他不得不在公司内部重新被安排新的工作（任何一位高管都很难咽的苦果）。

沟通力成就领导力

鉴于上述情况，首席员工与组织机构发展官建议首席运营官与第二事业部领导进行了一系列讨论，来分析和探讨第二事业部最近不尽人意的运营状况。首席员工与组织机构发展官希望第二事业部领导可以自己向首席运营官提出建议，将第二事业部合并到第一事业部当中。首席员工与组织机构发展官的建议没有运用任何领导效能技巧中谈及的影响力。

首席运营官与第二事业部领导举行了一系列会议，并提出了一些旨在帮助第二事业部发展的好建议。然而，将第二事业部并入第一事业部的最终解决方案并没有在讨论中提出来。

有一天，首席运营官加快了与第二事业部领导的讨论，第一次明确地说出："我认为我们应该取消第二事业部，把它并入第一事业部，这意味着你将失业。"这时，公司发生了一些骚动。第二事业部的领导很震惊很惶恐，他的前老板（新任首席执行官）也感到震惊和担心。此时此刻，首席运营官也对如何推进这一建议感到困惑。他的大创意摆在桌面上，但他的执行团队陷入了一片混乱。这时首席员工与组织机构发展官建议大家使用领导效能训练中的技巧，回归到第三法。

第三法的运用

大家都同意使用第三法。首席员工与组织机构发展官解释了运用的步骤，要求大家放下他们既定的"解决方案"，罗列了各方的"需求"，

第九章 无输家法：把冲突转化为协作

并根据第三法的六步法召集了一系列会议。

首席执行官、第一事业部领导、首席运营官和第二事业部领导的"需求"列表非常有趣，并揭示了公司从未涉及的更深层次的感受和想法。在运用了第三法的一系列会议结束后，第二事业部的领导自己提出，解决问题的最好方法是将第二事业部并入第一事业部，他的职位也将不复存在。

面质我－信息的运用

在运用了第三法的一系列会议即将结束前，第一和第二事业部的领导请求首席员工与组织机构发展官参与他们的进一步讨论。在前面的讨论中，不知道为何，这个步骤被跳过，从未发生。这可能是由于首席运营官的秘书与各方之间沟通混淆引起的。首席员工与组织机构发展官因此有些警觉和不安。他记得之前想和第二事业部领导耐心讨论解决方案的时候不小心脱口说出了并入计划，导致会议不欢而散。看起来运用第三法讨论的结果也没有让这位领导回到问题中心。就像大多数判断性的猜测一样，首席员工与组织机构发展官的判断很可能不对，但他受此困扰并认为他唯一的选择就隐藏自己的猜疑，而非向首席运营官表达自己的感受或进行面质。

就在这个关键时刻，首席员工与组织机构发展官跟自己说为什么不用一下面质我－信息，这种方式专门针对具有不可接纳行为的人，但又不掺杂责备口吻。因此，他构建了以下面质我－信息：

沟通力成就领导力

a）行为——我提出的解决第一和第二事业部问题的程序已经两次偏离轨道了（这是一个非责备的描述客观事实、不掺杂任何猜测的态度）。

b）具体造成的影响——我现在已经了解并参与了两次沟通，但都未取得成效。

c）对影响的感受——我对结果偏离轨道很苦恼。

我-信息的影响令人难以置信。这个我-信息传递给首席运营官后，他的第一反应是问"我可以帮助做些什么？"他丝毫有没有感觉不适，或觉得自己被指责或情绪波动。首席员工与组织机构发展官请求首席运营官和第一事业部、第二事业部领导们尽快达成共识，确保第二事业部领导的想法被"完全听到"并觉得整个过程很"舒服"。结果是，在最后的总结会上第二事业部领导专门提到，正因为自己的意见和感受被充分听取，他对整个过程感到满意并很高兴。

如不使用领导效能技巧，这个故事发展会怎样呢？首先，第二事业部的领导决不会自愿选择最终实施的解决方案。事实上，这个解决方案将会被强加于他，而他因此会产生很强烈的怨恨。其次，第二事业部领导的意见被充分听取，因为他的"需求"被放到桌面上讨论。没有第三法，这些后来被满足的需求就永远不会浮出水面。此外，首席执行官觉得一个公开、公平的讨论过程是对第二事业部领导诚实正

第九章　无输家法：把冲突转化为协作

直的尊重。如果没有第三法，首席执行官就会觉得对第二事业部领导的处理虽然礼貌但使用了强制的方式。

如果首席员工与组织机构发展官没有使用面质我 - 信息，那最可能发生的是，第二事业部领导会觉得自己受到了操纵（这种判断可能是完全不正确的）。在所有的可能性里，他会隐瞒或不能适当地表达自己的感受。然而，使用了我 - 信息后，他能够适当地将自己的感受传递出去，首席运营官对此信息的反应完全满足了首席员工与组织机构发展官的需求，至此他没有留下任何疑虑。

后记

在接下来的几周里，我没有觉察到怨恨——没有一个人有怨恨的言语。这件事对公司来说是个重大决定。各方都在积极地向前发展，不再让过去不好的业绩重演。一些当事人通过此事已经开始在解决问题时提及"需求"。结果，因为首席运营官在此过程中被要求听戈登博士音频版本的领导效能训练，他现在开始经常使用 "谁在问题区"这个表达方式了。

无输家法的好处

很容易理解的是，领导在决定努力学习如何有效地使用"无输家"法之前，肯定想知道此方法的好处。首先，我必须强调，这种方法涉及一些权衡：此方法虽然从概念上容易理解，但能够运用自如，事半功倍却非易事；它往往需要比两种输赢法花费更多的时间；领导在使用它的时候也会碰到些特殊的问题。我会很快在后文谈及这些问题。那么无输家法的好处到底是什么呢？

增强执行决定的承诺

由于参与了决策规划和制定，每个人都有因此而产生的对执行决策强烈的承诺感。相比较于他人单方面做出的决策，当自己的建议在决策过程中被采纳，此人会更有动力执行决策。心理学家称这种常识性的观念为"参与原则"。这证实了一个众所周知的现象，即当人们一起参与了解决问题的过程并制定了一个各方都能接受的解决方案，他们会感觉这是"他们"的决定。他们对制定的这项决策负责，所以觉得自己有责任去执行此决策。

这种高度的责任感和承诺通常意味着领导不需要花太多精力推动执行的过程——不需要领导扮演警察，像我之前指出的那样。显然，这为领导节省了大量的时间，并提供了更多的"高效工作"的时间。一个相关的好处是这极大地提高了组织效能：当决策制定后，它们就会得到执行；当冲突得到解决后，它们不会再出现。

高质量的决策

第三法需要调动冲突各方的创造力、经验和脑力。因此，这种方法通常会产生高质量的决策。的确如此。"两个人的力量总是比一个

第九章　无输家法：把冲突转化为协作

人的大",这一道理在解决冲突方面更为明显,因为双方(或所有方)的需求必须被准确地表达出来。而且,当双方参与解决方案生成时,他们可能会想出大量有创造性的解决方案。双方的参与非常必要,这样才可以判断哪个解决方案最能满足他们的需求。

例如,我试图解决和自己的一个孩子间的冲突(或和我的妻子,或和我的小组成员),没有他们的积极参与对我来说是不可思议的——只有他们一起参与,才能说明他们的需求并理解我的需求,提供解决方案并听取我的建议,以他们的经验来评估解决方案,并结合我的经验给予评价。当我发现自己与他人发生冲突时,我希望得到他人的帮助,这样我们就能找到解决冲突的方法,而没有输家。有了这样的帮助,我相信解决方案的质量会比我自己选择的要好得多。

更温暖的人际关系

无输家法最可预测的结果之一是冲突各方最终会互相感觉良好。通常,遵循输赢方法产生的怨恨在第三法中不复存在,在无输家决定做出后,就会出现对对方正面的感受——是的,甚至喜爱彼此。这样的感受可能来自每个人都欣赏对方愿意考虑自己的需求,并愿意花时间寻找各方都愉悦的解决办法。还有什么能更好地证明自己关心对方的吗?

更快的决定

你是否曾经历过与某人发生冲突,并持续数周或数月,甚至觉得终其一生都不能想出一个解决办法？然后你鼓足勇气找到了对方，并邀请他和你一起尝试解决问题。令你惊讶的是，你们在几分钟内就达成了友好的、双方都可以接受的解决方案。

这样的案例并不少见。无输家法常常帮助冲突中的人们敞开他们的情感和需求，真诚地面对问题，并探索可能的解决办法。一旦开始，在解决问题的过程中就可以很快找到一个无输家的解决方案，因为它有助于获取大量数据（事实和感受），而这是任意冲突一方都无法独立获取的。

当然，人与人之间的许多冲突是非常复杂的，尤其是在组织机构中，由于复杂的技术问题、敏感的财务问题、长期未决的人事问题会产生不同的观点。通常，如果邀请掌握有相关数据的同事或可能受到决策影响的同事参与到问题解决和方案制定过程中，这些冲突可以更快地解决。

不需"推销"

你会记得第一法通常需要领导花时间推销自己的决策给执行人员，那比简单地做出决策需要花更多时间。显然推销的这一步在第三法中是基本不需要的，因为最终决定一旦被冲突各方接受，就无须推销，因为每个人都已经接受决定。

第九章　无输家法：把冲突转化为协作

无输家法的六部曲指南

正如我之前解释过的，无输家法只是解决人际冲突解决问题的一个特殊的应用。正如你所看到的，有效的问题解决涉及六个不同的步骤。理解这六个步骤，学习如何通过每一步推进问题解决的进程是有效解决问题的关键。

在尝试无输家法之前，所有参与冲突的人员应理解第一法、第二法和第三法（无输家法）之间的区别。他们应该知道六个步骤是什么，以及为什么它们对有效解决问题至关重要。你可能需要提醒他们，无输家法的目的是达成各方都可以接受的解决方案，所以没有人会觉得自己是输家。可以运用积极倾听来表示对任何可能的负面情绪的理解，如愤怒、不信任、责怪或怀疑。只有那些直接卷入冲突的人才应该参与问题解决过程。除非你和冲突方留出了相当多的一段时间来解决问题，否则不要开始这个过程。白板或图表板非常有用，虽然不是必需品，钢笔和铅笔就足够了。同样重要的是，你在参加会议时要意识到你的潜在需求，而不是有一个固定的、先入为主的解决方案（尽管很明显你可能已经想到一些解决方案）。重要的是你仍然对其他解决方案保持开放的态度。最后，也是最重要的，是你对无输家法的承诺，以及你没有意愿回到第一法或对第二法让步。

虽然下列准则适用于你和另一个人之间的冲突，但它们也适用于涉及几个人的冲突。为了方便起见，我会用"O"代表另一个人。

第一步，识别和界定问题。

这是解决问题的关键一步。首先，为了理解 O 的观点、关注和需求做些工作。积极倾听，确保你理解他的意思，避免任何沟通绊脚石。

其次，用不责备或评判的方式表达你对问题的陈述。发送我－信息是说明一个问题最有效的方法。

通常，要准确地定义问题或冲突需要一段时间。O 可能需要一些时间来把自己的感受说出来。O 开始可能会生气或具有防御性。这时候就应该使用积极倾听技巧了。O 必须有一个机会去抒发情感，否则他就不会为下面的步骤做好准备。

不要急于进入第二步。要确保你充分了解 O 的观点，并确保你准确地表达了自己的观点。

不要轻描淡写你自己的感受。如果你这样做了，O 可能没那么有动力非常积极地进入问题解决过程。

通常情况下，问题会在讨论中被重新定义——开始对这个问题的陈述可能会变得肤浅。O 对自己感受的陈述可能会让你以新的眼光看待问题。

在进入第二步骤前，必须确保你们双方都接受了问题的定义。可以对此进行测试——问 O 是否认同这是你们两个都要解决的问题，双方的需求是否被准确地描述？不要把问题定义为多个解决方案之间的

第九章　无输家法：把冲突转化为协作

冲突。根据需求的冲突来定义它，然后生成解决方案。

最后，一定要清楚地让O认识到你们两人都在寻找一种既能满足双方需求，又能使两个人都接受的解决方案。谁都不愿是输家。

第二步，生成替代解决方案。

这是解决问题的创造性部分。马上想出一个很好的解决办法是非常难的。最开始的解决方案基本都不合适，但它们可能会激发更好的想法。先问O可能的解决方案——你会有充足的时间来提供你的方案。无论如何，避免对O的解决方案进行评判和批评。运用积极倾听技巧，尊重O的意见。

在评估或讨论某个特定的方案之前，试着找出若干可能的解决方案。在提出若干可能的解决方案之前不鼓励评判。记住，你是在努力找到更好的解决方案，而不仅仅是为了找到一个解决方案。

如果事情停滞不前，回到问题界定和识别。有时这会让事情向前推动。

一般来说，何时进入第三步会变得很明显：当你想出若干合理可行的解决方案，或者当一个解决方案看起来远远优于其他方案的时候。

第三步，评估替代解决方案。

这是解决问题的阶段，你必须特别注意，要真诚地面对彼此。你们两个都要做很多批判性思考：这些可能的解决方案中有缺陷吗？存在解决方案可能不起作用的理由吗？执行起来太困难吗？对双方都公平吗？运用积极倾听技巧。

在评估已经生成的解决方案时，你们其中一个可能会想到比任何其他方案都要好的全新解决方案。或者你会想到一个可以改进的方法，让先前的方法得到进一步改善。

如果你在这个阶段没有对解决方案进行测试，最终解决方案不是一个最佳方案的可能性就会增加，或者会变成一个不会被认真执行的解决方案。

第四步，决策。

对一个解决方案的共同承诺是必不可少的。通常情况下，当所有的事实暴露出来时，一个明显优越的解决方案就会脱颖而出。

不要试图说服对方或向对方推行一个解决问题的方法。如果对方不能自由地选择一个他可以接受的解决方案，那么此方案不会被执行的概率很高。

当你们已经接近某个决定时，再陈述一下解决办法，确保你俩都明白最后的决定是什么。

第五步：执行决策。

当然，找到创造性的解决方案是一件事，而另一件事就是执行决策。在确定解决方案之后，通常就必须讨论如何执行。

谁什么时候做什么？

最具建设性的态度是完全信任 O 将忠实执行决策，而非提出如果

第九章　无输家法：把冲突转化为协作

O 不执行决策要采取什么措施的疑问。在这时候，谈论对执行决策失败而受到的惩罚是一种不明智的做法。

然而，如果 O 真的不执行他同意的决策，运用面质我－信息。你也可以提出建议，帮助 O 记住他应该做什么。

不要误入不断提醒 O 执行决策的陷阱中，那样他将越来越依赖于你的提醒，而非为自己的行为承担全部责任。

过去不习惯于用第三法解决问题的人可能在实施方案的过程中有些懒散，特别是如果他们已经习惯了第二法。准备好做很多面质，直到他们知道你不会让他们这么轻易地"躲过去"。不要等太长时间再去面质他们。

第六步：评估解决方案的跟进。

不是所有第三法提出的解决方案都是最好的。有时你或 O 会发现解决方案的弱点。在这种情况下，问题会再次出现，需要更多的解决方案。有时候问 O 对解决方案的感觉如何是很重要的。

你们双方都应该理解决策是可以进行调整的，但是你们两个都不能单方面调整决策。调整必须经过相互同意，就像最初做决策一样。

有时刚学会使用第三法的人会发现他们做出了过度的承诺——他们非常热情地同意做太多或者做一些不可能做到的事。如果发生这种情况，一定要保持决策可以进行调整。

记住，你有效解决问题的最佳工具永远是：

沟通力成就领导力

积极倾听。

明确和诚实的我-信息。

尊重他人的需求。

信任。

对新数据开放。

坚持不懈。

不愿意失败的坚定决心。

拒绝回到第一法或第二法。

无输家法存在的问题

即使在最好的条件下，领导也会在使用第三法的过程中遇到各种问题。很少有人能一次性成功。有时你会感到沮丧，因为它比你预期的要花更多的时间；或者你不能马上找到一个双方都可以接受的解决方案；你也会遇到一些人，他们并没有按照大家同意的决策执行；有时你会想放弃这种尝试，回到第一法的权力至上模式；有时你会因为自己的团队成员不坦率和不表达自己的感受而生气和不满；或者因他们对你的想法进行了过于直率的批评或他们过于固执地捍卫自己的观点而感到头痛。

再次重申：在现实生活中，领导需要知道无输家法需要一定的权

第九章　无输家法：把冲突转化为协作

衡——付出的代价及收益——问题与回报是一致的。每个领导必须决定这些回报是否值得付出代价。意识到使用无输家法而产生的一些问题可以帮助你评估这些回报是否值得付出努力。

你想要开放坦诚的关系吗？

大多数人都会很快地以肯定的方式回答这个问题。至少在抽象的理念中，与他人建立开放和诚实的关系听起来是大多数人认为的理想状态。然而，在大多数组织架构中，领导和团队成员之间的开放和坦诚的关系很少存在。领导扮演"老板角色"，团队成员扮演"下属角色"。

即使正遭遇暴风雨，船上的船长应该看起来好像一切都在掌控之中；老板应该保持冷静、镇定和从容。领导就是要发号施令，告诉人们应该做什么；领导不应该分享他们的恐惧或承认他们的错误，领导要隐藏他们的人性。

员工应该接受命令，听从老板的建议。他们不去批评老板也不质疑他们的判断。他们隐藏自己的感受，掩盖自己的错误。诚实过于危险，自信过于放肆。

在中西部一家大的化学公司的工程师跟领导效能训练师进行了下面的交谈：

> 我们大多数的工段班长是从那些稍微聪明一点，以工作为傲，和具有更多积极性的工人中选拔出来的。他们以工作为傲，在他

们的文化环境中,这意味着他们现在是老板,完全意义上的"老板"。老板们的行为举止应该是一种模式:从不征求任何人的意见。老板们告诉员工,除了生产,他们不关心任何其他事情。在他们的文化环境中这样的行为方式是应该的,之所以努力工作就是要成为工段班长,这样就可以成为老板。其中有些人会说:"我不想分享我的权力。"

当领导停止使用他们的权力,试图用无输家法来解决冲突时,人们就会放下他们扮演的角色,拿下自己的面具。随着员工越来越意识到他们的老板真正想要解决冲突、满足他们的需求,他们就开始开放和真诚地表达自己的这些需求。当员工确信解决冲突的方案不会导致他们成为输家,他们就不再害怕用自己的真实感受面质老板。反之也同样适用,领导对员工也将更加开放和真诚。

第三法引入了领导与团队成员间关系的新标准:在冲突的情况下放下你的防御系统是安全的,因为最终会找到一个大家都可以接受的解决方案。

这意味着,如果你使用第三法,你肯定会听到对独裁领导的感受、批评和抱怨。你准备好了吗?你能接受你和他人之间的问题吗?你能接受批评吗?当对方不认同你的观点和意见时,你能不采取防御措施或报复手段吗?

第九章 无输家法：把冲突转化为协作

当可接纳的解决方案难以实现时

在领导效能训练中，经常问及的问题是："如果你不能想出一个双方都能接受的解决方案怎么办？"

我认为这个问题经常出现的原因是，很少运用第三法或根本没有第三法经验的人对采用无输家法解决冲突的方案真的持有怀疑态度。他们没有亲身体验过这种情况的发生，所以他们确信不会发生。

事实是，这种情况经常发生。同时，找到双方都能接受的解决办法在现实生活中确实不易。冲突僵局的造成可能是因为当事人没有按照问题解决的六部曲来推动解决过程，或一方（乃至双方）仍然抱有一个输赢和权力斗争的心态。而且，不用说也知道，一些冲突异常复杂，需要大量的创新和资源才能找到好的解决方案。

当多方认同的解决方案以非常缓慢的速度形成时，这些方法有时会起作用：

1. 回到第二步，尝试生成更多的替代解决方案。

2. 回到第一步，试图重新识别和界定问题——有可能存在一个大家没讨论到的潜在的问题，一个"隐藏的议程"。

3. 向卷入冲突的人们直接请求帮助，例如：有谁能帮助我们理解为什么我们很难找到一个可接纳的解决方案？阻碍我们的到底是什么？

4. 看看卷入冲突的各方是否愿意将问题"放置一段时间"，晚一些再解决。

5. 询问是否需要更多的研究、数据和事实。如果是这样的话，可以指派一个任务组，并汇报工作进展，或者可以进行试点研究。

6. 可以考虑聘请公司外部的咨询顾问。

7. 再次集中注意力关注到各方的需求，以便摆脱解决方案之间的互相竞争。

8. 如果有足够的理由说明解决方案需要立即或尽快生成，请告知他人时间的紧迫性和未能找到解决方案的后果。

9. 看看团队是否愿意在有限的时间里尝试验证一个解决方案的可行程度。

在本书第十章，我将解释在一个正式的组织架构中如何依靠领导的上司的帮助，解决领导和一位团队成员之间陷入僵局的冲突。

虽然这样的方法在处理决策僵局时非常有用，但从长远看，预防僵局应该是领导的目标。这需要时间。最终，相互信任和相互体谅会形成，因为人们成功地运用无输家法解决了越来越多的冲突。这是真的：没有什么比成功更能让人获得成功的感觉。

领导的自由范围

如果你认为无输家法是领导把解决冲突的决策权交给所有卷入冲突的员工手中（当然领导包括在内）的一种形式，那么很显然，领导不能授予团队成员不在自己实际职权范围内的其他决策权。

第九章　无输家法：把冲突转化为协作

当一件产品的零售价格已经由公司最高管理层制定后，一位管理独立销售团队的主管不应该使用第三法来尝试解决销售人员以什么价格出售产品给客户的矛盾。产品价格问题显然超出了主管的自由范围。那么，同样的道理，每月扣除多少所得税（联邦法律规定），或向客户收取多少销售税（州法律规定）也超出了此范围。

每个领导的决策自由都有范围，在运用第三法时，必须限制好有多少问题是在领导权限内的，并可通过问题解决步骤进行谈判解决。不理解这一事实造成了人们对"无输家法"的许多误解。例如，在领导效能训练班里，一些领导反对第三法的理念主要基于"领导不可能解决与团队成员们所有的差异和分歧"。当然不可能。他们也不应该尝试这样去做。许多问题超出了领导的自由范围，因此本来就没有谈判的空间。

把下面的方块想象成一位领导完全假设的自由空间（如果完全没有限制）：

完全自由

沟通力成就领导力

大多数领导的自由受到联邦法律的限制。例如，最低工资法：

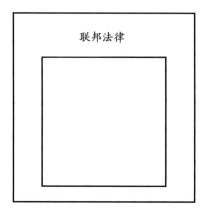

各州的法律规定也有限制。例如，工人在工厂里必须戴防护眼镜，或每天超过八小时的上班时间都被认为是加班。

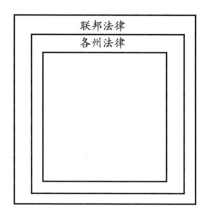

第九章 无输家法：把冲突转化为协作

当然，还有公司规定，比如工作时间或最低休息时间。

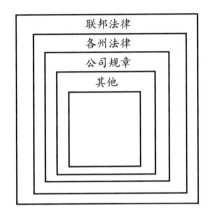

此外，部门负责人受其事业部领导的政策限制，主管受其部门负责人的政策限制，等等。

实际上，大多数领导都只有一个相对较小的自由范围来运用无输家法，在组织机构中的层次越低，他们的自由范围就越小。

为了帮助你用这些术语来解决一些特定的问题，请你或者你的团队思考一下下面的几个问题：

1. 我（我们）在这个问题上有自由工作的空间吗？
2. 解决问题六部曲中有几个步骤在我（我们）的自由范围内？
3. 什么决定或行动会超出我（我们）的自由范围？
4. 谁有我们需要的自由范围？
5. 我们现在要让那个人参与吗？还是以后再让他参与？

沟通力成就领导力

如果一些冲突并非在领导管理团队的自由范围以内，领导能做什么呢？这里有一些建议：

1. 告诉你的团队成员这个问题不能用谈判来解决，并告诉他其中的原因。

2. 积极倾听他们的抱怨，这样你就能理解他们的需求为何没有得到满足。

3. 邀请他们分享什么可能是一个更好的想法。

4. 如果你愿意，你可以成为自己团队家庭（你的领导管理团队）的一个强有力的改变倡导者。

5. 如果改变被拒绝，回到你的团队，告诉他们为什么，并准备积极倾听他们的感受。

最后两个建议包含一个重要原则。研究表明，领导如果不是一位自己团队的强有力的倡导者（对直接管理层而言），与领导是一位强有力的倡导者相比，团队的士气和生产力会低很多。这也验证了我一直强调的观点：一位高效能的领导是一个被团队成员视为成功地满足他们需求的领导。所以，一个领导如果不能在更高管理层面前充分代表他的团队，将被视为软弱的领导，也无法让其团队成员的需求得到满足。

回到输赢法的诱惑

每一位领导竭尽全力致力于运用无输家法，在迟迟看不到各方都能接受的解决方案时，偶尔也会面临回到某种输赢法的诱惑。这很自

第九章　无输家法：把冲突转化为协作

然。感到最后期限来临的压力，会让人变得沮丧和不耐烦；或面对一直不愿改变想法的员工，领导有时被逼到一个地步，只想说："好吧，如果我们不能对任何事情达成共识，我将会决定下面做什么。"

这有什么问题吗？毕竟，制定决策是领导的责任，如果冲突各方都不能达成一个大家都能接受的决定，难道不应该是领导来介入并做出决策吗？

考虑一下这样做的后果：一些团队成员会产生怨气，有些人会拒绝执行领导单方面做出的决定，所有团队成员吸取了一个很长时间都不会忘记的教训，即当事情没有按照领导既定的方向发展，他会重新使用权力。这是几年前我担任顾问的一家公司高管的经验：

> 在我们的团队会议上，我们使用民主的决策方式，但前提是我们要做出老板喜欢的决定。如果我们不这样做，他就会做出决定。现在我们觉得，通过漫长的讨论来寻找解决办法有什么用呢？最终领导会按照他的想法做决定的。

有什么办法可以避免这种情况吗？我所看到的一种可行方法是领导询问团队成员，如果每个人都不愿意打破僵局，那么就让他做出决定：

我们似乎无法找到每个人都能接受的解决办法，我们都知道必须做出一些决定。那么，大家是否愿意接受我对此事做出的决定呢？

经常性的结果是团队成员都愿意，并且更喜欢领导做决定，而非继续一场旷日持久的争论。如果有强烈的反对意见，领导应该退后一步，回归解决问题的步骤。

与想回到第一法同样具有诱惑的是领导屈从于自己不能接受的决定（即第二法）。这也会引起严重的后果。首先，领导以后可能会感到怨恨。其次，这一放任的行为同样给团队成员一个启示——即如果我们坚持足够长的时间，我们想要什么领导最终会同意。

共识、大多数和相互接受

很多对第三法的误解和抵制是因为大多数人未能理解这三个词的确切含义："共识""大多数"和"相互接受"。这三个词汇可以表达一个团队应该做出什么决定的所有条件。

虽然"共识"一词常用来表示完全一致或全体赞同，但其精确（字典）的意思是大多数赞同。第二个定义是"多数人意见"，然而，当人们说"我们达成共识做出决定"时，他们通常意味着每个人都同意，而不仅仅是大多数投票的人同意（"基本达成共识"的协议）。

大多数通常被理解为"数量超过总数的一半，少数的反义词"（虽

第九章 无输家法：把冲突转化为协作

然某些决策，一些团队要求"三分之二的人同意"）。

显然，共识没有大多数准确，因为"基本达成共识的协议"没有确切地指出有多少人同意，多少人不同意。然而，大多数人指至少一半，甚至更多的人同意。现在，当一个团队制定了某个决策，并通过投票达成共识，多数方成为赢家，少数方就称为输家——又是一个输赢的结局。大多数团队的决策标准几乎都采用"多数人赞同的方法"，其实是一种委婉的多数赢少数输的方法。这听起来不像是运用第三法决策，它确实不是。

那么如何才能做出无输家的决定呢？不是通过投票，至少不是一般意义上的投票。这就是为什么我强调无输家法从来不需要投票；事实上，投票与无输家法决策是对立的。当一个团队的所有成员，包括领导，都愿意接受一个决策，这才能成为一个无输家法的决策——我称它为"相互接受"。请注意，我并没有说所有成员都赞同决策，因为有时候人们愿意接受一个解决方案但并不一定赞同它——或者说不完全赞同。

这仍然遗留了一个问题：如何确定所有成员都达到了相互接受决策的程度呢？这可以通过几种方式实现：

1. 领导可以提问："每个人都接受这个决定吗？"如果每个人都点头或说"是"，这个决定就被可被认为是最后的决定。

2. 领导可能会问："有人反对这个决定吗？"如果没有人说话，

沟通力成就领导力

就假定每个人都接受这个决定。

3. 任何团队成员都可以提出上述 1 或 2 中的问题。

这些方法可以被认为是投票的一种形式,但我更喜欢用桂格公司做事的方式来描述这个重要的结论性作用:"感受会议的意义"。这就类似投票,不是追求最后决定的结果而是发现是否每个人都愿意接受一个决定。如果有人没有准备好,当然包括领导——解决问题的过程就还没有完成。

当人们说:"毕竟,领导依然是领导,并将对所有的决定负责,因此他不能顺从所有的集体决定。"他们不理解在无输家法中并没有通常意义的集体决定,而是需要每个人都接受这个决定,包括领导。而且,正如我一再强调的那样,由于领导对自己团队做出的决策负有责任,他们不可能接受一个自己认为愚蠢的决定。

团队必须决定一切吗?

这个问题反映了另一种对于无输家法的误解。它是一个合理的疑问,如果每一个问题都必须由团队决策,那么会花费很多时间,就"没时间做其他任何工作"。在现实生活中,绝大部分的决策并没有团队的参与,虽然团队应该参与。我是这样看待自己的工作的:

作为一个公司创始人,我每天要做很多决定:我决定接受邀请去日本演讲;我拒绝了另一个演讲邀请;我决定推迟之前预约的会议;

第九章　无输家法：把冲突转化为协作

我同意与一个同事会面，告诉他我们的公司正在做的项目；我决定写一封感谢信给我们一位在加拿大的讲师；我决定接受邀请，参加一个和父母们在网上聊天的节目。

显然，我觉得有必要做出所有这些决定来履行我工作的职责和要求。回顾第八章中关于权威J的讨论，这是被认可的工作权威。由于我的工作性质赋予了这些权威，因此我会做出很多决定。

当我与他人产生冲突，或就我留给管理团队的问题有不同解决方案而产生冲突时，就是另外的问题了。这些冲突可能会严重影响到他人的需求。对这类冲突我选择用无输家法来解决，而不会冒着带来负面效应的风险使用权力至上的第一法来解决。

还有其他的决定并不需要由团队做出。在问题解决过程中，团队经常选择由领导，或某位团队成员，或一个工作小组代表大家决策：

一个管理团队开始处理其议程上的一个问题，即公司医疗计划的适当性。经过几分钟问题界定后，团队将全权负责对几个保险公司提供不同计划的调查任务授权给了业务经理，并授权她选择最佳计划。她接受了这项任务，在接下来的几周里，她独立完成了解决问题过程的其余步骤：探索备选方案，评估每个方案，做出最后决定并执行它。

集体的智慧可被信赖的频率要比我们想象的高。团队成员并不想决定一切，他们只想参与决定满足他们的需求，这是满足公司需求最重要的前提。很显然，他们在其中有重要的利害关系。在许多其他问题上，他们通常会让别人承担起解决问题的艰巨任务。

当决策不被遵守时

虽然第三法比第一法会产生更多动力让大家有效执行最终的决定，但所有领导都应该准备处理一个或多个成员不遵守决定的情况。考虑到这一点，领导们常常会问："当他人不遵守决策或不执行他们的义务时，难道第一法（或权力操纵法）不是必要且适当的吗？"再次重申，在这种情况下运用惩罚、警告、威胁、训斥的诱惑源自人们过去的经验，尤其在儿童时期，这些都是成人对孩子们不遵守诺言的反应。

相对于无输家法决策，利用权力强制服从及惩罚不顺从的权力决策会带来同样的结果（引发应对机制和人际关系受损）。可替代的不使用权力的方法会减少风险并更加行之有效：

1. 尝试提醒：口头提醒或用电子邮件。

2. 发送我-信息，毕竟一个人不遵守承诺是你不能接受的。

3. 把不服从决策的问题交给团队解决："我们做了一个决定，但我注意到有些人并没有执行。我们该怎么处理呢？"

谁应该参与解决问题

领导有时把一些不需要的人也纳入解决问题的会议中，或者未邀请那些应该参与的人。太多的人参加会议会妨碍解决问题的过程；如

第九章 无输家法：把冲突转化为协作

果有些人对问题不感兴趣，他们就会对会议占用工作时间产生反感。被排除在解决问题会议之外的人也会产生不满情绪，尤其当此问题的解决与他们有直接利害关系时。人们也可以把未参加会议解释为他们在企业中不被重视的证据，这可能会打击他们的自尊心。

没有一个系统能适应所有的情况，如果领导能够理解决策的一个非常重要的原则，决定谁应该参与不同问题的会议就会迎刃而解。

通常人们只考虑决策的质量。"这个决定是好是坏？""我们最终做了一个高质量还是低质量的决策？"虽然决定的质量是判断邀请谁参加解决问题会议的一个重要标准，但它不是唯一的标准。一位高管与我共事时，他有点开玩笑地承认道：

> 过去我很自豪于自己做出高质量的决定，我确实做出过很多好的决定。唯一的问题是，那些执行决定的人并不一定总是接受。

是的，决定必须根据其质量来评估，但也要根据执行人员对决定的接纳程度来评估。

这种常识性原则可以帮助领导决定邀请谁来参加解决问题的会议。当你面对这个问题时，你需要问自己两个问题：

1. 谁有相关数据？

2. 谁会受到这个决定的影响？

沟通力成就领导力

第一个问题反映了你对最终决定的质量关注，第二个问题是你期望得到最大程度的接纳。引进有相关数据的人显然会增加你获得高质量决策的机会。但是为什么包括那些会受到决策影响的人呢？记得我之前谈过的"参与原则"，当人们的意愿在决策制定中被听到，他们就会有更多的动力来执行决策。

一家位于圣路易斯的大型制造工厂的主管显然认识到参与原则的重要性，并对此原理有自己的解释：

> 举一个简单的例子，比如提供给工人们的工作手套。我们买的那些，他们从来没有喜欢过。他们总是抱怨"手套太没弹性"，"太硬了"。所以，我们从芝加哥空运了几件样品，让工人们自己挑选他们想要的。他们不是百分之一百同意他人的选择，但得到投票最多的一双手套就是他们最后用的。现在他们对手套没什么抱怨了。我认为，如果你是做决定者之一，再回头说它不好，就像在说"我很笨"一样。你不能站在那里抱怨所有决定都是主管的问题，或是公司的问题，尤其当你参与了决策制定。如果你那样做了，其他人就会注意到。

第九章 无输家法：把冲突转化为协作

没有回头路

这些年来，我一直坚信，用无输家法解决冲突几乎可以避免一个领导重蹈独裁统治的覆辙。给人们一个如何解决冲突的无输家的切身体验，他们就会抗拒回到从前的方式。也许这就像是一条"不归路"——一旦团队成员习惯于有一个尊重他们需求的领导，他们就不会容忍回到以前需求得不到满足的时期。

也许我们已经发现了一种全新的人际关系原则。领导在进行任何变革之前应该好好了解无输家法的运用。以下几点可以解释这个原则之所以起作用的原因：

首先，对无输家法还不太习惯的团队成员来说，在初期接触这个方法时会觉得它像一个礼物或特权，时间长了，他们就会觉得这是一种权利。然后，人们会对剥夺他们权利的任何企图进行抗争，这就像在美国，有些群体最终获得选举权之后会反抗任何剥夺其选举权的企图一样。

其次，开始采用第三法的领导实际上也正在教育他的团队成员，以自己的行为演示一种全新的、不同的解决冲突的方式。一旦团队成员理解了第三法是多么不同，如果领导再次使用第一法他们将很容易识别。别以为他们不会提醒领导引起注意！

我们首先在家庭中发现这一点，在这些家庭中孩子们已经习惯了他们的父母使用无输家法。如果父母都不小心回到使用强权方式，他们的孩子就会提醒他们。

几年前，在我自己家里，我的女儿，大约在11岁时，我和她的饮食习惯发生了冲突。我反对她吃很多含糖高的食物和碳水化合物，而很少吃蛋白质和蔬菜。我运用了太多的权力："知道吗，我们以后再不会有甜点了""你放学后的零食也不能有任何甜食"。当我把眼光从盘子上移到女儿身上时，看到女儿举起了只伸出食指的右手。她小声但清晰地说："第一法！"相信我，我马上改变了强权状态。

企业中的领导也是一样，当他们发现团队成员已经适应了不使用强权决策来解决冲突的氛围后，任何偏差都可能会造成异常强烈的负面反应。这种反应可以理解，即便是偶尔使用权力也会像疼痛的大拇指一样让人感觉明显。团队成员会感到震惊和愤怒，就像许多人曾对克林顿总统的行为产生过强烈反应一样，他的行为远远偏离了大家所期待的国家总统应遵守的行为道德规范。

你可能会记得我之前下过的结论：领导权力的存在只有通过使用才能显现出来。不幸的是，领导常年拒绝使用强权而建立的信任和安全感可以被一次短暂的强权行为严重摧毁。就像基于多年忠诚基础上的对婚姻的信仰和信任可以被配偶中一人的背叛所摧毁一样。

这是否意味着决定放弃强权的领导必须是一位言行一致、不会退后一步的行为模范呢？当然不是。首先，一旦你决定使用无输家法，

第九章 无输家法：把冲突转化为协作

你会从团队成员那里得到持续的帮助。一旦你开始重启强权模式的时候，他们会给予提醒。这样的反馈将帮助你继续学习和实践你所相信的方式。其次，如果你偶尔回归强权政策，你可以采取一些建设性的行为来弥补：

1. 向小组解释你为什么采取单方面行动。可能有合理的理由让他们能够理解，例如时间压力，你觉得困扰和不安，之前第三法的尝试都失败了，危险是明显存在的，等等。

2. 用积极倾听来表达你对他们负面情绪的理解和接纳。

3. 启动解决问题程序以防止类似的情况未来再次发生。

4. 道歉，当然前提是你真的觉得很抱歉。

我之前指出的"回头"的陷阱是基于你已经承诺运用第三法来解决问题，而我想强调另一个同样重要的原则：即当你的团队相信你是很真诚地试图用第三法来解决冲突，他们会做一些事情来帮助你达到目标。当你在很长一段时间里有一次不小心回头的时候，他们会比你想象中更理解你。当然，权力的使用常常引起怨恨、敌意和报复。每个人都知道，如果人们对一些人有负面看法，那么他们倾向于拒绝接纳那些人。病人面对自己不喜欢的医生都倾向于抵制医生推荐的治疗方法。那些讨厌老师的学生们，不管他们自己拥有多少知识，都不会想从老师那里学知识。经常使用强权对待孩子的父母不被孩子们喜爱，因此，他们的孩子很少受到他们的经验和智慧的影响。

然而，大多数人相信他们需要权力来增强自己对他人的影响力。他们很快就忘记了当他人将权力强加于自己的亲身经历。这些都旨在劝告领导，越多地使用权力，他们将会有越少的影响力（这是第一法的另一个高昂的代价，因其需要强制执行）。

第十章

无输家法在企业中的应用

第十章　无输家法在企业中的应用

目前为止我主要着重举例说明了无输家法如何解决一位领导和一位团队成员之间的冲突，其实运用无输家法解决冲突的方式适用于企业中很多其他情况。事实上，已经掌握使用第三法的领导们发现它变成了一种"生活方式"，是所有组织关系的一个组成部分。用无输家法取代以前的输赢法的领导会自动地，也许是无意识地，用"我们"的态度，而不是"我"的态度去面对所有冲突：

我们有个问题	相对于	我和这个人有一个问题
我们需要碰个面	相对于	我需要就此事好好想想
我们必须找到解决办法	相对于	我必须找到解决办法

这种"关系思考"方式可用于所有冲突：领导和企业中同一级的领导之间的冲突，领导和所有团队成员与之间的冲突，领导和工会代表之间的冲突，领导和上司之间的冲突，或在一个工作组的成员之间的冲突。在这些企业中，我首先训练所有高层管理团队的成员来使用无输家法。我观察到这种新理念自上而下地渗透，直至深入整个企业

沟通力成就领导力

中,使"相互需求满足"成为每一位领导和所有人际关系的标准。

领导与所有团队成员间的冲突

可以预料,在一段时间内领导可能会与其团队所有人发生冲突。它可能不会经常发生,但它确实有过,特别是当所有成员不知何故陷入一些领导不能接受的行为模式,就像一位参加过领导效能训练的学员,现就职于一家法国大型电脑公司的领导曾面对的情况:

每个星期,米歇尔,一位项目小组的协调员,组织召集对项目跟进的会议,其中有15~18位项目协调员需要参加。这些会议的目的是让项目协调员们彼此了解各自项目进展的状况,以便达到最佳互动,并避免重复工作。

米歇尔在召集人员参会和让参会人员在会议过程中集中精力方面遇到了很大的困难。一些人根本没有来;其他人要么迟到,要么在自己项目汇报好以后提早离开。米歇尔意识到她浪费了20%的时间忙着和参会者在会前和会后纠缠,同时她对大多数参会者在这样重要时刻缺乏团队合作动力感到很懊恼。

在参加领导效能训练时,她发现自己和另一位最会找借口推托的项目协调员在同一个小组(不经常参会,要么开会迟到或早退)。趁着角色扮演的机会,米歇尔建议他们就关于开会的冲突做个角色扮演。感谢积极倾听的技巧,米歇尔明白了这个项目协调员最大的需求是尽

第十章 无输家法在企业中的应用

可能地充分利用时间，在会议上如果所有的项目协调员都对自己的项目汇报，需要 2 到 3 个小时——这就意味着他只有几分钟的时间分享他的报告。

由于这次互动，米歇尔认识到，会议只是满足项目小组分享和相互交流信息需求的解决方案之一。她也认识到如果有一个更好的解决方案，她会加以考虑。

因此，米歇尔决定用下一次会议来寻找解决这个问题的办法。

米歇尔：你们可以看到在今天会议议程中，我们会先专门花些时间来讨论这个会议的功能。我的需求是找到一个能使我们所有人满意的解决办法。我感觉非常挫败，因为我不得不召集会议，而且定期提醒你们参加这些会议。我希望所有人都能全程参与，而在每次开会的时候你们某些人却不能做到，因此我损失了很多宝贵的时间。对我来说项目协调和信息交流是非常重要的。此外，我有责任确保大家负责的不同项目之间的协调性。我请你们帮助我了解这些会议中你不喜欢的部分，这样我可以了解为什么大家缺乏参与这个会议的热情。

项目 1 协调员：就像我在领导效能训练课程中说过的一样，这些会议是浪费时间，90% 讨论的内容都不关我的事。我一直在看我的手表，想着如果我不需要坐在这里，我会做完多少工作！

米歇尔：如果你能在更短的时间内获得同样有用的信息交流，你就会更有动力。

沟通力成就领导力

项目1协调员：是的！与此同时，我理解我们大家需要一起努力来协调各自的工作，因为我们每个人只对自己小范围内的工作有所了解。但是如果这些会议能更快地进行，我会非常高兴！

所有其他项目协调员异口同声地说：我们同意！我们有时也很恼火，希望看到这些会议提前结束！

米歇尔：好的，我们都同意，如果我们能找到一种方法来保证所有人都能得知其他项目的进展，来协调我们各自的工作，同时减少我们开会的时间，包括我的时间，我们都会满意的。

项目协调员们：当然！自然是这样！对的！

米歇尔：你们有什么建议，有什么想法吗？

项目2协调员：如果我关心的信息能有书面文件，那对我会很方便的。

项目3协调员：我们可以对每一个分项目都做一个小的说明。

项目4协调员：是的，我们可以以每人每星期写一个15行的小报告来代替这个冗长的会议，然后以邮件形式发给在座的参会人员。

米歇尔：对我来说这些提议都很有趣。不过，我还是觉得在某些时候需要面对面开会，以免大家很久不见面丧失团队精神。

最后经过更多的讨论，团队的决定是：

1. 每周每个项目用半页的报告替代协调会议，并用电子邮件发送

第十章 无输家法在企业中的应用

给所有其他成员。

2.每月举行为时三小时的会议,进行重要的介绍、信息交流和讨论协调不同项目团队工作的一致性和互补性。

经过六个月的实践,整个团队都认为新方法是成功的,因为它达到了与之前开会相同的结果,而仅仅投入了一半的时间。

此外,他们都注意到,大家在每月例会上聚在一起时都很愉快,这种非正式、友好的关系也起到了增强团队精神的作用。

因为团队的项目协调员认为每周例会是一个问题,所以她决定主动召集团队,面质大家她关注到的问题,并开始着手解决问题的过程。很明显,每个人都对会议感到失望,这个会议只是解决信息共享和协调团队努力的其中一个解决方案。这就为寻找一个比之前更好的、相互接受的解决方案奠定了基础。

企业和工会间的冲突

自从工会成立以来,企业和工会之间的冲突就一直伴随着我们。奇怪的是,找不到很多关于这些共同冲突中最常用的解决方法的信息。尽管这些术语通常用来描述他们的程序——"谈判""讨价还价"——但我怀疑企业管理方和工会都以一种一争输赢的姿态面对冲突。事实上,谈判通常意味着冲突双方都会以既定的"谈判姿态"来开始"讨价还价"。我记得读到过一个成功地解决冲突的案例,听起来很像我们提到的无输家法:在大萧条期间,国际妇女服装工人工会和服装行

沟通力成就领导力

业的业主一致同意通过一揽子减低工人工资的形式来避免大规模裁员或企业停产。

我发现没有证据表明无输家法在劳资管理谈判中被广泛使用。这种关系通常是一场持续的权力斗争；严重冲突的解决方案似乎是种双输的结果——没有一方真正得到他们想要的东西。

然而，令人鼓舞的是，有少数领导效能训练的毕业生使用了无输家法来解决企业管理方和工会的冲突。这里是一个由工业关系高管提交的涉及工作时间冲突的案例：

> 公司有兴趣在我们的日程安排中给予更多的灵活性安排，但是工会合同使我们在至少20年里都无法采用这种安排。他们就是不愿意听取这个计划。这样，我们就成立了一个联合委员分会，我们决定使用领导效能训练学到的技巧来解决问题，即用第三法解决矛盾。我们告诉他们我们有某些需求，我们知道他们有某些需求，我们想做的就是谈论那些需求到底是什么。我们列出了公司的所有需求，并尽最大努力解释了为什么企业有这些需求。我们告诉他们，我们也想知道他们的需求是什么。我们最后列出了35个需求领域。后来发现其中一些是双方的共同需求。然后我们找到他们决定哪些需求应该被重新分类，哪些需要谈判，哪些可以由新的规章制度进行更改。我们采用了头脑风暴法后，发现有

第十章　无输家法在企业中的应用

些问题根本不严重。我们扔掉了一些问题。我们一直采用这种方法，直到提出了一份清单，罗列出了七个必须要做的、工会委员会成员也可以接受的具体建议。 我认为这成功地超越了我们的预想……这基本上是第三法解决问题的方式。有些时候我们没有能很成功地让工会委员们专注于议程项目，当发生这种情况时，我们试着使用积极倾听的技巧。对于我们35个问题的列表，我们想到了大约20到23个解决方案。其他的要么被扔掉，要么我们认为没有任何办法可以改进……工会委员们看上去似乎对这种解决方式挺满意。

在管理方和工会谈判中采用无输家法的可能性看起来大有希望，但它会要求双方在态度上从非赢即输的姿态转换为无输家的姿态。将来，我们肯定会看到在工业企业中更广泛地接受员工参与制定重要的管理决策。例如在瑞典和德国，这样的共同参与或"共同决策" 是法律规定。法律要求在所有的企业和工业组织的董事会中必须设立员工代表，让他们参与可能影响员工利益的决策过程。很明显地，在进行共同决策实践的地方，无输家法看起来远远优于输赢法。

处理下级投诉

对于所有领导来说，一个共同的问题是，当你团队下属的某位成员由于需求没有满足而对你提出投诉时，该怎么办？通常，当一个人

沟通力成就领导力

向自己领导的老板投诉时，就是所谓的"越级"。这几乎是普遍认可的应受谴责的行为。在领导效能训练中讨论这个问题时总会让参与者产生最强烈的情绪反应：

"那是反抗！"

"应该强烈劝阻。"

"越过你的领导就是自己找麻烦。"

"我会解雇任何一个越过我的人。"

显然，领导对于这种情况有很多的恐惧和焦虑。然而它确实存在，有时甚至是经常发生的。通常害怕一种情况意味着你不知道如何有效地处理它。大多数领导都是这样，其原因并不难找到：他们从输赢的方式来看待"越级"。当一位员工越级（领导的团队成员之一），向领导的老板投诉，那位老板肯定会感到进退两难，她应该站在哪一边，谁会赢？没有领导想要一个心怀不满或不愉快的员工；她也不想让一个团队的成员（员工的领导）像外星人一样被疏远。最常见的方式是老板站在员工领导这边，基于一个熟悉（但被误导）的原则 "当团队成员和其下属员工发生冲突时，领导应该始终支持自己的团队成员"，或者 "不要破坏你的任何一位团队成员的权力"。

如果老板愿意转换到无输家法面对冲突的时候，就可以更容易地获得更令人满意的方法。以下是无输家法如何在这种情况下工作的：

第十章　无输家法在企业中的应用

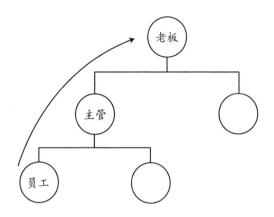

如箭头所示，一位员工绕过了其主管，向老板投诉。以下是老板可以遵循的步骤：

1.老板必须怀着理解和同理心，不是去发现问题是什么，而是证明她接纳（不一定同意）员工的感受，也许可以帮助员工自己找到解决方案。

2.如果员工找到一个满足他需求的解决方案，问题就会迎刃而解。

3.如果员工不能找到解决方案，请员工考虑直接去向主管投诉，指导员工只发送我-信息给主管。

4.如果员工愿意直接去找主管，老板就从这个冲突中解脱了。

5.如果员工对直接去找主管存在疑虑，老板可以提供员工一个替代方案，打电话给主管，请他加入老板和员工的讨论来寻求一个员工和主管都可接纳的解决方案（第三法）。

6. 如果员工拒绝这个提议，老板要向员工解释她不愿意在没有主管的情况下做出任何决定。

7. 如果员工同意主管加入讨论，老板请主管加入，简单地解释自己得知出现了一个主管和员工之间的问题，并且想提供帮助，但是两方都必须都同时在场才行。

8. 老板只扮演一位中性的在主管和员工问题解决的促成者，完全置身于具体问题内容之外，但运用积极倾听的技巧听取双方的需求，并帮助双方通过问题解决过程的六个步骤找到主管和员工都可以接受的解决方案。

虽然这个过程看起来相当具体甚至有些机械化，但每一步都有其目的。老板首先要表现出对员工的接纳和理解，这样在将来他就不会因为自己的需求未被满足而感到气馁。老板必须向员工指出员工自己在问题区，但如果可能的话，自己愿意帮助他找到解决办法。老板也必须清楚地表明，如果员工及其主管不能同时在场，她将无法提供帮助。最后，老板不应被卷入解决问题的过程中。

这一过程将会给所有三方带来一些具体并长远的好处：

1. 员工了解老板不会对他和主管之间的冲突进行任何裁决。

2. 员工了解到，自己首先应试着直接和主管解决矛盾，而非去找

第十章 无输家法在企业中的应用

主管的老板,这是老板所期望的。

3. 主管了解了自己的老板不会在她缺席的情况下插手她和员工的矛盾并做出单方面的决定。同样重要的是,老板也不会忽视员工的投诉而自动"支持主管"。

4. 员工和主管都了解老板的价值观念是通过找到相互接受的方法来解决问题,而非生搬硬套"主管总是正确的,因为他是领导"这样的通用原则(或者套用完全相反的原则:员工的需求必须得到满足,哪怕付出任何代价)。

5. 主管从这件事中学到,如果她与自己的老板有不可解决的冲突,越级直接向老板的老板投诉也是可以被接纳的。

当你的需求被老板拒绝时

领导其实和团队成员没什么不同,也会因为其老板的一些行为而无法满足自己的需求。在没有询问你的前提下,你的老板做出了一个决定,妨碍你把工作做到最好,或者剥夺了你需要的一些东西,你可以做什么呢?或者你的老板用第一法解决了你和另一位员工之间的冲突,让你觉得对方赢了,你输了。这一定是唯一的结局吗?你一定要露出假笑并忍受这个结局吗?不幸的是,许多领导都假装微笑并忍受了这一结局,尽管他们的笑容下通常掩盖着怨恨和愤怒。

然而,当你的老板做出了一个对你不利或你不可接纳的决定,你却什么都没有做,这是一个通常被认可和普遍被接受的"管理原则",

沟通力成就领导力

比如：

命令就是命令。

员工的首要责任就是服从命令，不管他们多么不认同。

永远不要越过你的老板。

经理们不能做出人人都能接受的决定。

一个相反的观点，更符合我们组织有效性的概念，即当决策剥夺了人们的需求时，这些决策应该受到质疑或挑战。人们有时会做出不好的决策而不知道会带来什么后果。关键的问题是：一个人怎样才能在不损害与领导关系的前提下做出决策调整呢？

再次重申，无输家法是关键。有一个明确的程序需要遵循：

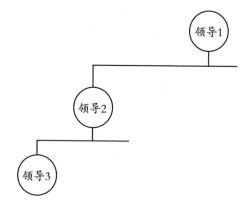

上图显示了企业中三个不同层次的领导团队。领导2，一位部门主管做了一个决定，结果对领导3来说是不可接纳的，因为这使她的

第十章 无输家法在企业中的应用

工作更加困难。使用无输家法，领导3做了以下几件事：

1. 领导3请领导2在方便的时候一起开个会，简要解释这个问题。

2. 领导3开始发送适当的我-信息，确保在需要的时候换挡到积极倾听。领导3请领导2用第三法一起解决问题。

3. 如果领导2拒绝提议或第三法不成功，领导3请领导2与领导1一起开个会，希望领导1可能帮助他们找到一个无输家的解决方案。

4. 如果领导2拒绝，领导3会告知领导2她打算去请求领导1的帮助，但她更希望领导2能一起去，这样领导2可以在现场向领导1表述自己的立场。

5. 如果领导2仍然拒绝领导3的提议，领导3可以向领导1请求帮助，并确保他向领导1解释已经尝试了上述的四步。

在某些情况下，领导3可能在上述任何步骤中改变主意，决定接受领导2的决定。换句话说，只有她仍然强烈地认为领导2的决定是不可接纳的，才会执行这五个步骤。现在，当领导1听到领导3的投诉时，他应该遵循前面列出处理下级对上级的投诉的步骤来处理问题。

奇怪的是，在领导效能训练当中，此过程遇到了强大的阻力。许多领导人害怕启动这一程序——这对他们来说太危险了。他们说，"领导2会解雇领导3"或"领导3将破坏自己和领导2的关系"。

沟通力成就领导力

这些领导回忆起过去在不同企业的冲突中所遭遇的经历，这些问题通常都由那些最有权力的人来解决，其实最后就是通过输赢的方式。对他们来说，找到大家都相互接受的解决方案有些不可思议。

当各级领导承诺使用无输家法解决问题时，上述程序既不偶然，也不危险。这完全符合以无权力、无输家解决问题的领导方式。

面对众多团队的问题解决

我还没有谈到，当冲突涉及与领导自己的团队没有很多工作关系的其他团队时，如何运用第三法来化解冲突？在这种情况下，通常会有众多的人员参与其中，而且每个人都知道，如果一个团队的人员超过了15到20个人的话，解决问题是非常困难的。由于社会科学家们还没有想出实用的方法来解决众多人员卷入的矛盾，大多数领导就缴械投降，最终运用第一法来解决冲突。

然而，当大量员工拥有相关数据或他们会被最终的决策影响的时候，更多的问题就会出现，例如：

公司业务是否应该扩展到其他国家？如果是，如何管理呢？

在经济低迷时期，应该削减工资，还是应该解雇很多员工？

应该实施员工灵活工作时间以缓解上班交通高峰问题吗？

应该考虑允许某些团队成员远程办公吗？

第十章　无输家法在企业中的应用

如何找到最具经济效益的团体医疗计划？

这些问题常常涉及不同级别的若干人员，而且来自不同的部门或业务组，有时甚至涉及所有员工或组织的成员。在解决问题时涉及如此庞大的人员可能需要：（1）将人员分成更多小组；（2）让小组选举代表；（3）采用员工抽样的方法。

当我作为一个企业顾问的时候，经常被要求帮助企业解决有大量员工参与的问题。这些挑战迫使我开发了两个解决流程：一种叫"下上下上"法，另一种叫"评审委员会法"。两者都能在有大量人员参与下有效地解决问题。

"下上下上"法

这种方法是我在一家位于洛杉矶的著名公司作为咨询顾问时探索出来的。人事主管告诉我这样一个问题：员工对公司的医疗计划普遍不满。人事主任已经独自完成了解决问题的步骤，几乎要选择另一家保险公司了。

我第一次把"参与原则"介绍给他，最终使他采纳了以下方法：

第1步（在企业中向下传递）：这涉及通过组织内部多个管理级别，将问题下放到直接管理员工的主管。首先，所有部门副总裁

沟通力成就领导力

被要求与其所有部门负责人进行一次会议。在每次会议上，领导会分享问题，并询问团队成员的意见。然后部门负责人同他们的管理团队召开了类似的会议。最后，所有主管与他们的团队成员也召开了类似的会议。

第2步（在组织机构中向上传递）：接下来，在各层团队中产生的提议都向上提交给高级管理层（总裁和副总裁，再加上人事主管）。

第3步（在企业中向下传递）：高级管理层将此任务委派给一个工作小组（人事主管和一位副总裁）评价所有的提议，然后找到一个新的保险公司设计一个满足员工提议的医疗计划。由工作组（包括保险公司代表）制订的医疗计划随后通过第1步中提到的类似的会议向下传递给各个团队。这些团队被要求评估医疗计划（即问题解决过程中的第3步），并决定接受、修改或拒绝它（解决问题过程中的第4步）。

第4步（在组织机构中向上传递）：每个团队的决定随后通过主管层层向上递交，最终送至高级管理层进行最后修改，并最终通过了调整后的医疗计划。

第十章 无输家法在企业中的应用

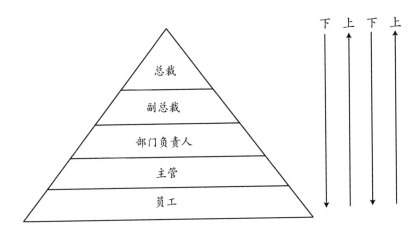

结果

一个对大多数员工来说非常满意的医疗计划终于产生了,它有足够的独特性来满足这家公司的一些特殊需求,远远优于以前的计划。

有机会参与解决问题的企业各级员工对公司增加了好感。

几乎所有关于公司医疗计划的投诉都消失不见了。

"评估委员会"法

这种方法也是在我作为咨询顾问时逐渐摸索出来,并且变得日趋成熟的。一位总裁要我花些时间帮助一位负责销售的副总裁,因为这位副总裁对销售人员流失率高、效率低下和销售团队(120名销售人员)士气不振很苦恼。

沟通力成就领导力

第1步：我向销售副总裁推荐"参与原则"，即召集各级销售部门一起寻求问题的解决方案。然后我设计了一种方案，副总裁很快接受了。

为了寻求解决方案（解决问题的第二步骤），我和销售部门一小部分人员进行了一系列头脑风暴会议：

会议A：包括副总裁、销售训练师和三位部门经理。

会议B：包括所有的区域销售经理。

会议C：

会议D：

会议E：

会议F：⎬每个会议包括大约20名区域销售经理。

会议G：

会议H：

每次头脑风暴会议持续45至90分钟。在每次会议开始时，我都确切地指出了副总裁提出的问题："销售副总裁非常担心销售人员的高流失率、低效率和士气低落的问题。我被要求召集一系列这样的会议来听取每个人的建设性想法，以便解决这些问题。"

然后我阐述了头脑风暴的基本规则和标准。每一个提议都写在了一张3寸宽5寸长的卡片上，然后读给提交建议的人以验证理解的准确性。

第十章 无输家法在企业中的应用

第2步：从8次会议中产生了大约150种不同的解决方案。当这些方案交到副总裁手里时，他会马上开始看成堆的卡片，并评估每个想法。他丢弃了一些"可笑"的建议，"之前已经尝试过的建议"，还有"成本花费太高"等的建议。因为担心解决问题的步骤会中断，我提议了第二种方法：从每个小组中选择一个代表作为"评估委员会"的代表。这个委员会的任务是完成问题解决过程的第3到第5步。

我通过积极倾听，并且获得了公司总裁的帮助，花费了几个小时之后，终于说服了副总裁。副总裁之所以反对的理由如下：

团队没有能力做出决定。

他们没有掌握全部事实。

销售人员根本没有足够的信息。

这将花费太多的时间。

这会逾越各管理层权限。

他和部门经理可以单独完成这项工作。

最终，副总裁接受了参与原则及评估委员会法。我的下一个挑战是确认评估委员会做出的决定将是最终决策（解决问题过程的第四步），而且并不需要一个会议主席就可以实现（一个没有领导的工作小组）。最终副总裁同意了这两项建议。

第3步：评估委员会成员被挑选出来（即下图中打钩的人员）。

沟通力成就领导力

这个选择主要确保各层级都有相应的代表，包括销售人员（两名）。一个具有战略性的决策是将副总裁也纳入评估委员会的一员，这样部门的最高权威就有其代表人员，因此评估委员会可以做出最终决策。

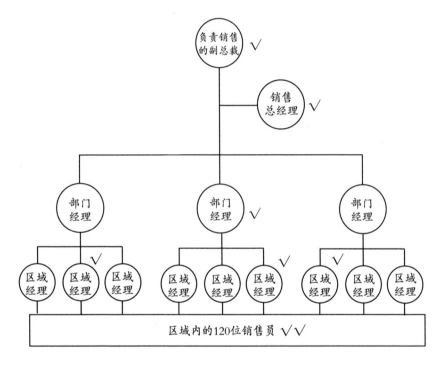

第4步：评估委员会大约开了六次会议，每次会议持续约两个小时。他们对150种解决方案进行了评估，并对每一种方案做出了决定。这些决定是：

（1）实施解决方案。

（2）拒绝解决方案。

第十章　无输家法在企业中的应用

（3）进一步研究解决方案，并向委员会提出建议。

第5步：委员会成员们决定向销售团队解释为什么一些解决方案被拒绝。委员会成员通过一个简短的会议与销售经理和销售人员进行了解释。

评估委员会做出了重大决策，而非一些肤浅的解答。他们对非常复杂的问题做出了重要并极有创造性的决策，涉及下列方面：

招聘销售人员的新方法。

招聘时"甄选评价"的新方法。

改进销售训练的新方法。

一个全新的销售人员薪酬体系。

各种产品新的定价。

创建了一个新的职位——现场训练师。

改进了销售人员使用的销售演示套件。

成果

团队士气惊人地提高了。

工作效率提高了。

人员流失率下降了。

将新销售人员训练成为有效销售人员的时间从五周减少到十天。

沟通力成就领导力

一位销售经理说:"我们在一个月内得到的进步比过去五年都多。"

部门决定将整个解决问题的方法制度化,并且每一年都重复做一次。

违反规章制度

每一个企业都有规章制度,各级领导都有责任确保他们的团队遵守规则。其中一些规则早在员工加入公司之前就已经生效实施了;有些可能是由更上一层的管理者制定的,因此不属于下层领导的"自由范围"。很显然,遵守规则的很多人并没有参与制定它们。

当一个团队的成员违反了这些规则时,领导该怎么办呢?有没有一种方式来处理这样的违规操作,同时还能够运用无输家法的理念呢?

下面就以提纲形式演示无输家法每一步的应用过程。假设你的一位团队成员,帕特,违反了公司规定:

1. 如果你确定帕特违反了规定,首先确定他是否知道并理解规定。如果他并不理解,解释规定并告知他有责任遵守公司的规定。

2. 如果帕特,不管是什么原因,觉得他可以不遵守规定,怀有同理心地倾听,但同时说明你没有给他违反规定的自由——这是你权限范围以外的事情,或者不属于你的影响范畴。

3. 如果之后,帕特再次违反了规定,你必须决定他违反规定的行

第十章　无输家法在企业中的应用

为位于你自己行为窗口的什么位置：是在你可接纳的行为领域（对你没有明显的影响），或者在你无法接受的行为领域（对你的具体影响）。

4. 如果你可以很真诚地接受帕特违反规定的行为，并决定不采取任何行动，让他自己承担后果（即他"拥有"这个问题）。例如，一位员工把车停在一个预留给其他人的停车位，这不会影响你，你可以决定什么也不做。

5. 如果你不能接受帕特的行为（你"拥有"问题），发出一个非常明确的我－信息。例如，团队成员未能对机密材料保密："帕特，当机密材料没被保护好，我会很着急，因为我的老板认为这是我的责任，我甚至可能失去工作。" 你有可能需要运用换挡技巧并积极倾听他的反应。

6. 如果帕特仍不改变自己的行为，你意识到需求冲突并启用第三法，你可能会发现是什么样的需求导致他违反规定。

7. 如果第三法不能帮助你找到一个可以接受的解决方案，你可以选择下列一种替代方案：

1) 告诉他如果再次发生的后果（无论后果是什么——被解雇、被降职等）。

2) 处理这次违反规定带来的后果。

3) 如果觉得规定应该被调整，将此事一步步地向你的老板提出。

运用这个方法有些假设的条件：人们往往不知道他们违反了规定；

领导效能训练

之所以会出现违反规定的行为是因为人们试图满足某种需要；人们通常会对请求他们考虑的需求做出反应；如果人们不断违反规定，则必须接受他们的行为带来的一切后果。所有这些假设，以及我概述的过程，与我倡导的领导效能的概念是一致的。

第十一章

定期规划会议：一个新的绩效评估方法

第十一章 定期规划会议：一个新的绩效评估方法

在对正式组织机构中成千上万的领导力案例进行评估后，一个结论始终出现在社会科学家们的著作中。用我自己的话概括就是：

高效能团队（优良业绩的团队）必定拥有一些能够成功培养并维护其团队成员的热情和动力的领导来完成满足企业自身需求的任务目标。

作为其任职企业的代表，高效能领导必须履行职能使团队达到一种企业高级管理层认为公平或合理的生产效率，同时也会公平或合理地对待其团队成员。无论这些领导的职责（行为）是什么——这是一个关键点——这些职责与让团队成员感到愉悦的"人际关系"功能或下列"以人为本的行为"非常不同：共情地倾听，发送非责备的我－信息，鼓励决策参与，减少地位差别，培养团队的凝聚力，考虑团队成员的需求，采取非惩罚的管理方式，等等。

所以尊重他人、确保他们的需求得到满足并去除不满源头本身不能带来高效率和出色的绩效。还需要其他的东西——在第二章中我称之为"满足企业需求的技巧"。高效能的领导是"任务专家"，同时也是"人际关系"专家。

沟通力成就领导力

高绩效团队的领导能以某种方式向团队成员传达企业对所需效率水平的期望。领导阐述和传达企业对所需生产效率期望的方式将决定是否可以被团队接受。

这里是人际关系技巧发挥最关键作用的地方。如果生产效率的目标是领导单方面提出的，团队成员们并没有参与的机会，或者如果领导不听取团队的感受或想法，或如果团队成员难以达到生产效率目标时领导将采取惩罚措施——团队成员们非常可能会觉得无法平衡成本收益比，即他们在一个不公平的关系中被利用了。另一方面，如果团队成员确信企业真正关心他们的需求并尊重他们，他们就不太可能相信企业会对他们提出不公平的要求。

除了这种信任的感受，团队成员也需要可靠的、准确的绩效评估并保证他们的优良业绩将会得到实在的好处。这就是为什么领导需要一个有效的系统来评估工作绩效，以满足企业对生产效率的目标要求。

团队是否完成了领导提出的工作目标？每位员工执行工作的有效性如何？领导需求的满足在多大程度上取决于团队或某些成员的表现？

绩效评估不仅困难，而且领导往往会对此感到害怕，因为这常常造成领导和团队成员之间的冲突。当团队成员对外界的评价感到反感和受到威胁，或当他们觉得评价不公平时，就会变得好斗或喜欢争议，而且他们经常这样做。

第十一章 定期规划会议：一个新的绩效评估方法

那么到底可以做些什么来改进呢？如何使绩效评估与领导效能训练中倡导的理念和理论相一致呢？对于一位认同"相互需求满足"的领导来说，什么是最好的绩效评估方法？

在这一章中，我将指出通常存在的绩效评估的不足之处，同时会描述一种叫作定期规划会议的概念，这会使领导的工作更有效率，同时增强和团队成员的关系并帮助他们成长。

传统的绩效评估

虽然绩效评估系统的类型数不胜数，但大多数都包含以下内容：

1. 一份正式的工作描述，通常由行政人员准备。

2. 由领导指派给团队成员任务，监督这些任务的日常表现，对与之相关的良好表现给予认可，对不良表现加以批评。

3. 周期性地对每位团队成员进行评价，使用一种标准化的评分形式，例如绩效评估表、员工考核表/业绩考核表，等等。

4. 领导和团队成员间的正式会议。在此会议中，领导向成员通报对他们的评价、原因以及可能改进的方式。

5. 后续使用由他人制定的评分表做出关于薪酬、晋升、训练等决策。

6. 给第一线主管提供训练，教会他们如何做更客观的团队成员评价，如何使用评分表来激励成员等。

沟通力成就领导力

在作为许多企业的咨询顾问的 25 年里，我从未见过一个人们喜欢的绩效评估系统 ——无论是管理评估系统的领导还是使用它的团队成员们。通常，绩效评估会给评估者和被评估者带来问题和烦恼。被别人评估常常是带有威胁性的。人们害怕被告知他们没有做好工作，或者他们的工作不令人满意，或者他们只得到总分为 7 分中的 4 分。经理们也不喜欢发送这样的信息，他们知道这样的信息会造成伤害，降低一个人的自尊，还会引起争论。

下面是绩效评估的其他严重缺陷：

1. 工作描述通常不足以定义团队成员被期望执行的特定职能。有相同工作描述的员工实际上往往在做截然不同的事情。研究显示，领导和团队成员对其应该担负的责任和义务的理解有着很大的差别。

2. 领导需要填写很多评分表，其中通常包含一系列员工的"特质"和"特征"，例如合作性、主动性、创造性、仔细性等，这些都不可能给出客观和准确的评判。

3. 在不同领导之间，评分和标准存在着极大的差别。每个人对如何给出评分都有偏见和偏向（"没有人会从我这里得到一个优秀的评分""我从来没有给过任何人低于平均水平的评分，因为如果他不好，就不应该在我团队里"）。

4. 领导的评价有一种类似"光环效应"的倾向：他们完成对一位

第十一章　定期规划会议：一个新的绩效评估方法

团队成员的整体评价，然后对每件具体事项都给予和整体评价相同的评分。

5. 领导给予的评估会受到其日后需要做出的相关举措的巨大影响（"如果我给的评分太高，她就会期望加薪""如果我给的评分太高，我就不能在今后解雇他的时候自圆其说"）。

6. 对团队成员的评估和学校给孩子们什么样的分数类似，会导致同样的反应——奉承、掩盖真相、"工作只是为了升职"、相互竞争、不断争论、丧失自尊，等等。

7. 大多数绩效评估系统只专注于过去的表现——他们只回顾已经发生的事而不是鼓励未来的有效业绩。

8. 领导应该和团队成员解释并讨论关于他们的绩效评估，但一些领导会像避免瘟疫一样避免这种会议，因为他们知道双方都会不愉快。

绩效评估的改善早就应该做了。它需要的是一个包含了所有人们的动机和需求的系统，并符合我们所提倡的领导效能概念。更具体地说，需要设计一个系统来满足以下事宜：

1. 使工作是一项有意义和满足需求的经历。
2. 向员工展示他们的想法和贡献是有价值的、很需要的。
3. 为员工们提供成长和发展指导，使他们能够体会到比以前更有能力的满足感。

4.通过提高员工们的业绩来提升他们的自由和自我决定感。

如果这些目标都可以达到,员工们会觉得他们与企业是一体的,因此愿意为其成功做出贡献。

定期规划会议（PPC）

在过去几年里,我为我的企业客户开发了一种新的绩效评估方法,我确信它是成为高效能领导的重要工具之一。

PPC 是一个定期安排的会议,包括了领导属下的每位团队成员,一般每六个月召集一次。会议的时间可能从半小时到两小时,有时候会更长一些。有些时候,一个会议必须演变成几个会议才能达到目的。

这是为领导和其团队成员专门留出的时间,以便制订一份团队成员们在未来六个月的计划,其中包括如何提高绩效、如何掌握新的技能及如何更好适应工作带来的职责变化。团队成员们也会讨论领导能够帮助团队达成未来六个月目标的方法。

这是一个团队成员与领导讨论任何可能影响他们工作表现、工作满意度或公司未来的机会。

PPC 要求领导和团队成员专注未来的业绩（可以做什么）,而不是专注于过去的业绩（已经做了什么）。因此,PPC 在很大程度上消除了大多数绩效考核制度中令人反感的特征——领导必须对团队成员

第十一章 定期规划会议：一个新的绩效评估方法

们过去的表现给予评估、判断和评分。

PPC 要求团队成员和领导专注于职责、工作、目标、计划——这些所有与工作有关的活动。因此，PPC 消除了评估中另一个令人讨厌的特征：个人特质评判，比如忠诚、合作性、自觉性、领导力，等等。PPC 跳出"评分"的概念，避免了在大多数绩效评估系统中造成领导和团队成员之间的相互防御和不断争论的问题。

PPC 不同于大多数绩效考核制度，它是双向会议。团队成员甚至比领导更多地参与制定自己的目标和规划自己的工作。此外，它还鼓励团队成员们向领导建议如何能够更好地帮助他们实现目标。

PPC 的原理

你和你的团队应该达到什么目标等一系列问题，这是 PPC 的基础。

首先，你有责任帮助每位员工提高其自身表现。PPC 带来的正面效应也将帮助公司更上一层楼：为每一级管理岗位识别合格的候选人，为员工提供系统的发展和跟踪，注重工作业绩而非个性特征，帮助员工在工作和企业中自我成长。

你的下一个目标是建立你和团队成员之间的关系，鼓励他们对工作问题进行自由讨论，这样每个人都会了解自己的立场；每当出现工作问题时，他们会受到鼓励并很自信地采取行动来解决问题。

你应该专注于未来。确实，人们从过去的经验中学习到很多，规划也需要用过去的数据做支撑；然而，你应该始终着眼于未来。这样就不必要"为打翻的牛奶而哭泣"。你可以避免那些因评价过去而造成的不愉快,而集中精力做一些积极的事情来改善未来的工作关系。

如果你给予员工自由的空间来建议自己的绩效目标,他们就会更加投入地工作。正如我们看到的,这将增加他们对工作的兴趣和热情,因为他们做出的贡献在满足他们自己需求的同时,也满足了公司的需求。

最后,在冲突发生时你将提供机会,以双方都能接受的方式解决问题。你还将提供指导,帮助每个员工规划其自身的职业生涯及个人发展和成长。你将为自己和团队成员之间建立一种互惠互利的关系。

PPC 的一些假设

PPC 方法是建立在某些假设条件之上的。将这些条件牢记在心,与团队成员进行讨论时会大有帮助。

1. 公司必须在市场上取得进步,否则他们将被竞争对手所超越。同样的道理,一个公司的员工,总的来说,必须为了进步而改变。很多员工需要随着企业发展而不断地提高、成长和发展。毕竟,一个企业是由员工组成的,如果企业发展了,在其中任职的人员也必须如此。其实大多数人都不想停滞不前。如果他们不能在工作中发展,他们就会找到在工作外发展的机会。学习是有趣的,只要有机会人们就会寻找学习新事物的途径。

第十一章　定期规划会议：一个新的绩效评估方法

2. 做事总是会有更好的方法。我希望这个假设可以取代一句老话："我们已经这样做了很多年了，为什么要改变呢？"PPC的经验证明，每一次团队成员评估他们自己岗位的职能和目标时，他们能更好地描述职责、衡量工作和实现目标。

3. 没人会用百分之百的精力工作。可能没人能够这样做，证据表明大多数人，甚至那些高效员工，也仅拿出他们能力的一小部分用于工作。

4. 改变、成长和调整是一个高效能组织不可避免的特性。

5. 人们没有很强大的动力去完成别人设定的目标。有人开玩笑地说："大家只有对完成别人的目标无动于衷。" 事实上，我们经常看到从上级管理层传达下来的指示和命令导致了抵抗情绪。我们从家里的孩子和学校里的学生身上观察到同样类型的抵制。在美国，反抗权威几乎成了一种生活方式。如果我们所有人都能掌控自己的工作，那生活将会多么有趣啊！你有多少次对自己说过："我会按照老板说的去做，但是没有人比我更了解我的工作，如果他不打扰我，我会做得更好。"

6. 人们会为自己设定的目标而努力工作，但他们很少有这样的机会，一旦这样的机会出现，他们的热情就会爆发。人们讨厌别人为他们设定目标，不是因为他们讨厌权威，而是因为他们的才能没有用武之地，他们想运用自己的能力。当然可能会有一些例外，有些团队成

沟通力成就领导力

员会对设定自己的目标而感到恐惧，有些人可能会怀疑你的动机。为了应对这些可能性，使用积极倾听技巧和第三法至关重要。

7.当人们有机会做更多的事情，他们会更加愉悦，会有一种成就感，感觉自己做了有价值的事情，给大多数人带去了快乐感和重要感。他们越多地体验到这些满足感，就越有兴趣、越有激情，越想重复这种经历。作为领导，你面临的挑战就是能否经常性地给团队成员提供这样的机会。

如何为 PPC 做准备

PPC 的准备需要几个不同的步骤，我将详细描述每一个步骤：

第一步，为团队成员做准备

领导向自己的团队介绍 PPC 时应该记住，任何新想法或新系统通常会遭遇一些抵制，因为有人反对变革。因此，领导面对团队的感受，必须采取措施减少这种影响。

1. 解释传统绩效评价体系的不足。

2. 解释 PPC 的基本原理和假设条件。

3. 倾听团队成员的感受。

4. 将 PPC 当作一个基础实验，鼓励团队成员们尝试。

第十一章　定期规划会议：一个新的绩效评估方法

在一些企业中，领导可能会得到管理层的批准用PPC取代传统的绩效考核制度。在另一些企业中，由于各种原因，这样替代是不可能的。任何领导都可以将PPC作为应用于企业正式绩效考核制度的一个延伸或附加。这意味着你在沿用传统评分系统的同时，还可以使用第二套评估系统来促进团队效率、提升士气、激发团队的工作动力、鼓励成员更加的独立，并给予他们更多的尊重。

第二步，在工作职责上达成一致

领导和团队成员运用第三法对其期望的工作职责达成共识非常重要。当两者之间存在差异时，就会产生问题和冲突。

因此，在为PPC开始做准备时，领导和每位团队成员在"工作职责"上达成一致是很重要的。

"工作职责"不是"任务"，也不是通常包括在工作描述或职位描述中的内容。

工作职责更像是描述一位团队成员对企业的贡献：他为企业付出了什么来得到薪酬回报。举例来说，下面的表格将人力资源总监传统的"任务清单"与他的"工作职责"进行了对比。

任务	工作职责
招聘、面试和筛选求职者	按部门要求，在规定的时间和成本范围内找到适合人选来填补职位空缺

续表

任务	工作职责
对员工士气进行问卷调查	尽早得知员工的问题或不满以便协助部门主管尽早解决问题
选择员工训练计划	了解训练需求，并提供满足这些需求的训练

这里有一些你可以使用的问题来帮助团队成员理解你想要的工作职责列表：

1. 你可以为企业做些什么贡献？

2. 你为企业做了什么来换取薪酬回报？

3. 你的岗位为什么存在？它应该为企业贡献什么？

4. 当你觉得自己做得很好时，你实际对企业做出的贡献是什么？

这是一位行政助理工作职责的样本：

1. 接听领导电话，问候来访者，为部门树立良好的印象。

2. 尽最大可能独立处理来电，提供所需服务。

3. 准确快速地打印和编辑领导的信件、传真、报告等。

4. 管理领导的日程安排，保证其及时性和准确性。

5. 开发和维护一个文件存档系统，以便快速访问以前所有的通信往来。

6. 管理办公用品的库存，并及早提出采购要求以维持所需要的

第十一章 定期规划会议：一个新的绩效评估方法

供应。

7.独立处理有关常规管理沟通的问题。

下面是获得一份双方都互相同意的工作职责所建议的程序：

1.仔细解释与"任务"完全不同的"工作职责"的定义。

2.要求团队成员制定一份清单。如果几个成员有相同的工作，你可以要求他们一起做。

3.作为领导，做一份你的各位下属的工作职责清单。

在你的团队成员准备好自己的工作职责清单后，你们就可以一起评估了。记住，让他掌控着"球"——让他来展开讨论。你可以选择让他一个接一个地讨论完他所有的职责，然后再回头去评估它们；或者你可以一个一个地同意某项职责的意义和措辞，直到完成整个清单。只要双方都同意每个职责的含义，使用哪种方法并没有什么区别。

工作职责清单是否完全按照我给出的格式以及其他人是否理解并不重要。只要你和团队成员清楚每一个职责意味着什么，那就可以依照它实现目标。当然，最好是一切尽可能详细。

第三步，就如何衡量业绩达成一致意见

一旦确定了工作职责清单，下一步就是要在领导和团队成员之间就如何衡量每一项工作业绩达成一致意见。

这一步有两个目的：（1）减少领导和成员之间的误解。（2）指出成员需要什么数据来评估自己的表现。

什么是绩效的"衡量标准"?

领导通常使用不同的团队绩效评估方法。当一位领导给予一位助理以下的评语,比如"她打字非常准确"或"她非常善于处理来电",他心里肯定已经有对两种工作职责的衡量标准了。问题是,这些标准往往停留在领导的头脑里,而永远不会传递给助理。

我们需要的是让团队成员理解(并同意)在绩效评估中用来衡量每个工作职责的标准。

什么是绩效的"衡量标准"呢?就上面提及的对助理的评估准确性而言,领导的衡量标准可能是拼写和标点符号的错误次数。

衡量标准告诉我们如何评估他人的表现,并没有告诉我们此人的绩效是好是坏。我们用英寸来测量一个人的身高,但是这个测量并没有说明某一人到底是高还是矮;我们用英里来测量距离,但这个测量并没有说明你那天开车距离是远还是近。

如何得到相互接受的衡量标准

1.请团队成员列出其工作职责清单,并为每项职责制定衡量标准。通过提问对他进行指导:

"当你做这项工作时,你怎么知道自己做得好还是差?"

"你心里有什么衡量标准吗?"

"当你工作很出色或不出色的时候,你主要依据什么样的数据或

第十一章 定期规划会议：一个新的绩效评估方法

事实？"

2.只要有可能，请团队成员罗列出可以量化的衡量标准，但请记住，对某些工作职责的量化衡量标准可能不适用。这里有一些量化和"主观的"（即非量化的）衡量标准：

量化的衡量标准	主观的衡量标准
失误数量	外观整洁
被拒绝数量	回电礼貌
投诉数量	客户满意
以美元为单位的销售额	举止愉悦
以美元为单位的净利润	具有创造和创新性
以美元为单位的成本下降额度	
生产出件数量	
在最后期限内完成数量	
新客户数量	
训练人次	

3.为每个团队成员的工作职责制定你自己的衡量标准。

4.与成员一起比较你的衡量标准。然后讨论、评估、修改。最终达成对每位团队成员工作职责衡量标准的共识。

重要的一点：一旦已经与每位团队成员完成了第一、二、三步（即为 PPC 做准备），这些步骤不需要再重复，除非日后有一位成员的工作职责发生了显著变化。

沟通力成就领导力

召开定期规划会议

再次声明： 为了让规划会议顺利地定期召开，领导和团队成员做好充分准备至关重要。它确保了每位参会人员在会议召开以前就清楚地知道今后六个月需要做什么。因而此次会议就变成一个相互匹配的过程：你的目标和计划与你的团队成员的目标和计划相匹配。或者换句话说，PPC成为领导和团队成员为制订一个互相接受的计划的双向解决问题的会议。 然后，你们讨论如何帮助他完成这个讨论的方案。为了进一步准备：

1. 至少提前一周就把PPC会议时间确定下来。

2. 会议时间确定的同时就请团队成员为PPC准备自己的目标。

3. 提供一个机会给成员们来询问有关PPC的问题。

4. 说明PPC将着眼于未来，而不是过去——你期望对方以"控球"的方式来阐述自己的目标清单。

5. 向自己的团队解释你的工作目标，这样他们就知道你下一阶段的总体绩效目标是什么。

你可能希望使用以下一些问题来帮助团队成员开始考虑他们的目标：

"来年你想达成什么样的目标？"

"在你的工作职责中，你觉得有需要改进的地方吗？"

第十一章 定期规划会议:一个新的绩效评估方法

"对你来说高效工作的目标是什么?"

"为了实现你的目标,你需要从企业内部得到什么帮助?"

"今年你有什么计划来提高自己或团队的业绩?"

"什么样的衡量基准会让你知道自己是否有所进步?"

如果在定期规划会议前进行这些初步准备,在召开 PPC 的时候只要你允许团队成员拥有控制会议的权力,它就会非常顺理成章地进行。

这并不意味着你扮演一个被动的角色。当然,你要确保成员们的目标和改进计划足以帮助你达到自己的目标。例如,在会议中,一位团队成员没有把降低成本纳入提高绩效的改进目标中,但你的目标是要降低成本,那么很显然,你必须建议他将降低成本纳入其目标中。同样,如果你觉得另外一位成员设定的目标不现实,也无法实现,你可能应该建议他降低一些标准。

以下是要记住的要点:

1. 这个会议是由团队成员们来掌控,让他提出自己的想法和感受,运用积极倾听的技巧。

2. 记住会议讨论的着眼点是未来——过去的已经过去了。

3. 当轮到你讲话时,保持坦率、真诚和开放的态度,发送我-信息。

4. 对要完成的目标达成共识,将目标保持在一个可操作的数量里,

沟通力成就领导力

使用第三法。

5. 作为领导，你要清楚地了解自己的团队成员如何规划完成每一个目标——已经规划了哪些行动。

6. 当你觉得有机会或有需要时，当然可以与成员分享如何达成目标的建议。正是这种分享的理念，使 PPC 变成一个更有意义和更有价值的体验。

7. 保持一种温暖、友好、非正式，但以任务为导向的氛围。记住，这是你的同事，你需要他的帮助来实现你的目标。

8. 记住，设定目标就是要做出改变的承诺。因此，一些团队成员可能不愿意对改变做出承诺。

9. 回顾并记录达成共识的目标，并给每位参会成员一份复印件。

执行在 PPC 中做出的决定

领导必须起到一些重要的作用才能帮助团队成员达成其既定目标：（1）你可能需要提供给他需要的数据进行项目进展评估。（2）你必须提供所需要的原材料、资金或人力方面的资源。（3）你必须在他遇到问题时，作为一个顾问或促成者来解决问题。

向团队成员提供自我评估的数据

PPC 的一个最重要的目的，是将评估团队成员绩效的主要责任从

第十一章 定期规划会议：一个新的绩效评估方法

领导转移给团队成员自己。

这里的关键是信任——信任自己的团队成员具有做好他们工作的意愿，并能实现他们的目标。

为了使团队成员能够不断地评估自己的业绩，他们需要适当的数据。当然，具体哪些数据是需要的，是在为PPC准备的第三步中确定的。

如果你和一位特定的团队成员已经对"以美元为单位降低成本"达成共识，并将此作为对他职责的绩效衡量标准之一，那么你必须要将以美元为单位的成本数据一直提供给他。这可能要求你与会计部门进行协调，同意每周或每月提供这些数据。

提供资源

在PPC之后，定义你自己角色的一种方法是把自己看作是你团队的"第一助手"，以任何必要的方式帮助团队成员达到他们的既定目标。这可能意味着需要向他们提供额外的资金、设备、信息或人员。不履行这些承诺肯定会伤害你的人际关系并导致成员们的不满。

促成问题解决

不可避免地，团队成员在试图完成目标时肯定会遇到问题。当问题出现时，领导的职责就是提供帮助。记住，正如第三章中指出的那样，促成问题解决是为什么需要一位领导的原因。

在这类会议中，你需要积极倾听以帮助成员自己承担解决问题的责任。鼓励他利用"解决问题的六部曲"来解决问题。你甚至可以把这些步骤写在白板或图表板上：

第一步：问题是什么？

第二步：有哪些可能的解决方案？

第三步：你如何评估这些解决方案？

第四步：哪个解决方案看起来最好？

第五步：谁什么时候做什么？

第六步：你将如何评价结果？

如果你发现了一个可能干扰团队达到某个特定目标的问题，也可以自发召集一个解决问题的会议。再次重申，你的态度应该是"我能帮什么忙"而不是"你做这件事失败了！出了什么纰漏"。

从 PPC 中期望的收益

无论 PPC 最终在企业中作为传统绩效考核或评分制度的一个替代或补充，你可以从这种新的方式中期待某些收益。

第一，你会发现自己的团队成员会对你的信任做出反应，他们会变得更负责任，更少依赖于你。

第二，你可以期望他们有更多动力。因为这将是达到他们自己的目标，而不是领导强加给他们的目标。

第三，他们的工作会给他们带来更多的自我实现和满足。

第四，你会发现你将花更少的时间管理和监督他们。

第十一章 定期规划会议：一个新的绩效评估方法

第五，你可以期望他们的业绩持续改进。把事情做得更好将成为你团队公认的准则。

但是，不要期望新的 PPC 会无阻碍地顺利进行。它需要不时地进行修正。一些团队成员刚开始会发现放弃依赖和停止"只做领导说的"非常困难。工作职责的衡量标准可能需要修改，或者你可能会发现很难找到合适的支持数据。

对于任何新事物，调整都是必需的。然而，一旦问题消失后，定期规划会议将给你的团队成员、你自己和企业带来切实的回报。

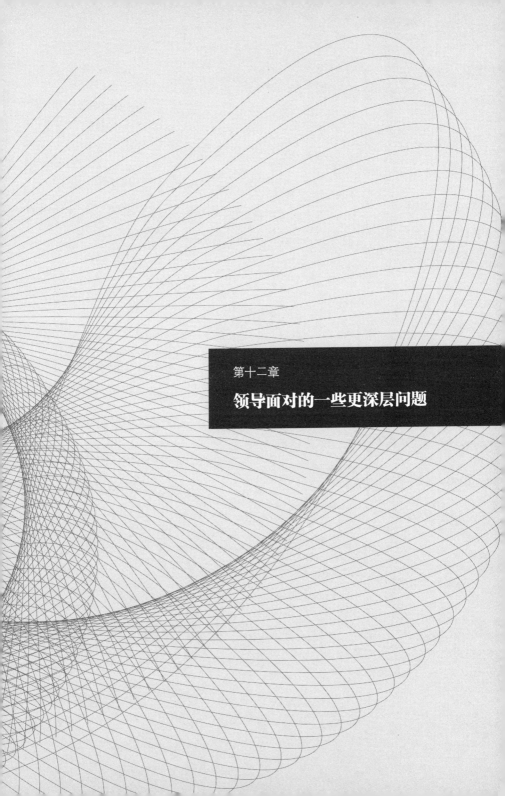

第十二章
领导面对的一些更深层问题

第十二章　领导面对的一些更深层问题

领导必须选择自己想成为的领导类型，没有其他人能为他们做出选择。你如何从不同的领导风格中做出选择呢？

很自然，为了做出选择你会考虑到效能因素（这本书贯穿始终的中心和重点）。什么样的领导风格会让你更有效——建立一个团队、做出好的决策、提高生产率、培养士气，等等？你也可能想问自己一些同样能帮助你思考的其他重要问题：

你想成为什么样的人？

你想要什么样的人际关系？

你想要什么样的企业？

你想要什么样的社会？

你想成为什么样的人？

你选择的领导风格将极大地影响你会成为什么样的人。你不可能把这两者分开。因为你花了很多时间在你的领导角色中，你在扮演这个角色的过程中将无可逆转地塑造你本人。

沟通力成就领导力

举例来说，一种强烈依赖强权的领导风格，需要你保持一贯的怀疑和不信任态度。你告诉别人做什么的时候需要保持警惕，当察觉到有反对你（或者下属完全不服从）的征兆时需要保持警惕。伴随警惕而来的是，作为强权领导的你会发现在自己眼里，他人在自我指导、建设性改变、个人发展、独立思考方面的能力都非常有限。

如果你选择强权作为领导方式，它也会以不同方式影响你的个人生活。正如我之前指出过的，假设所有团队决策的责任、执行、监督等相应的政策和规章制度都由你承担，你付出的代价将会是：精神更加紧张，更多担心和忧虑，最终导致身体和心理都处于亚健康状态。

另一个问题：你想成为一个开放、真诚、直接的人吗？心理学家使用的术语"相容"是指一个人内心想到什么感受到什么就会向外传递什么样的信息。你想成为一个表达自己真实想法的人，还是一个"听上去就不真实"，别人不能信任的人呢？你想成为一个真诚的、直接发送我-信息让人确切地知道你立场的人吗？

毋庸置疑，表里如一的沟通会冒很大的风险。你应该认真考虑是否能承担这个风险。如果你决定成为一位开放、真诚、直接的领导，能够是什么就表现什么的话，你就会冒着对他人暴露自己真实一面的风险。一位我-信息发送者，无论对自己还是他人都是"透明真实"的。人们必须有勇气做他们自己，在生命中的每一刻都能够与他人沟通自己的感受和想法。风险就是：如果你向别人敞开心扉，他们就会

第十二章 领导面对的一些更深层问题

了解真实的你！你想让人们了解真实的你吗？

如果你决定成为一位听取别人意见的领导，就有另一种风险。正如你所看到的，积极倾听，要求你暂时抛下自己的想法、感受、评价和判断，全神贯注于发送者的信息。这就强制要求你精确地接收信息。你必须将自己置身于发送者的位置（进入他的参考模式，进入他的现实世界）才能理解发送者的信息。只有在这种时刻，你才可以理会发送者的意图。积极倾听的"反馈"部分，无非是你在倾听后对准确理解的查证，同时也向发送方确认你已经完全理解。

积极倾听有其自身的风险。经常积极倾听的人会发生某种变化。当你准确地理解了别人的想法、感受，让自己暂时设身处地在他人的位置，从他人眼里看世界时，你会冒着改变自己观点和态度的风险。

人们确实被他们真正理解的东西改变了。对他人的"经验开放"会造成重新诠释自己。不能听取别人意见的人是具有"防御性的"，因为他们不愿倾听不同于自己的想法和观点。

总之，有效的双向沟通，需要双方相容（清晰地发送信息）和积极倾听（精确地接收信息），同时承担两种风险：暴露真实的自己或者成为不同的自己。这就是为什么有效的人际交流需要内心的安全和个人勇气。

你愿意成为这样的人吗？你能找到内心的安全和个人勇气来实现开放、真诚、直接地与他人双向交流吗？

沟通力成就领导力

你想要什么样的人际关系？

你是哪种类型的领导，将强烈地影响（如果不是决定的话）你和团队成员以及企业内部同事们的关系。考虑到你和这些人需要花很多时间相处，选择领导类型显然非常重要。

在这本书里的多个章节中，我提到了以权力为基础的领导根据团队成员和领导之间的关系判断产生的影响：权力如何降低团队成员向领导发起的沟通；权力如何造成领导与团队成员之间的地位障碍，从而减少成员们发起的互动；团队成员如何掩盖问题隐瞒错误；权力如何产生敌意和怨恨；权力如何有效地引起人们的恐惧和依赖；以及权力至上的领导必须提高警惕，不能建立任何与团队成员的"兄弟"关系。

我还没有提到作为一位强权领导的另一个逻辑结果——很简单，相比那些不依赖强权的领导，你会有更少的乐趣。我想到很多有乐趣的事情：一起嘲笑自己和他人犯的错误；和他人一起解决一个棘手的问题，最终得到一个出乎意料的创新解决方案；公开分享自己失败的经历而不畏惧破坏性的评价；见证人们在工作中的成长和发展；将他人视为另一个人，而非企业中某个岗位职员。只有在具有平等的人际关系、没有恐惧和怨恨的团队和企业中，这些愉快的事情才会发生。

你想拥有一个帮助他人的、控制他人的，还是剥削他人的人际关

第十二章 领导面对的一些更深层问题

系呢？帮助他人的人际关系的好处是显而易见的：确保人们解决自己的问题，减少依赖；看到人们在讨论问题时变得更加开放；体验帮助他人满足需求后的个人成就感。正如我之前指出的，当你帮助别人满足他们的需求时，他们会更加乐意帮助你满足你的需求。这种互惠的人际关系总是在强权减弱时发展壮大的。

多年前，我曾尽可能试图简洁地描述关于有效亲子关系的基本哲学理念。它后来被纳入了我们开发的所有其他人际关系课程中，因此它已经成为所有有效人际关系的通用哲学——无论在父母子女之间、师生之间、夫妻之间、领导与团队成员之间，等等。我将其描述为一个人际关系的宣言——每个人都想与他人培养的一种人际关系。它被称为"我的人际关系的信条"。

每一位完成我们训练课程的人都会得到这个信条的复印件，但我也收到了许多其他的请求。有些人把它装裱好挂在墙上，另一些人则把它印为圣诞贺卡送出。还有一小部分人在婚礼上朗读此信条，作为他们对在婚姻中奉行哲学的公开承诺。我的一个女儿，朱蒂，请我在她的婚礼上朗读了这个信条。

这个信条显然对很多人都有重大的意义。从表面上看，它似乎代表了许多人在他们的人际关系中所追求的东西。在这个信条中，你会发现我倡导的领导效能理念的绝大部分要素。

沟通力成就领导力

我的人际关系信条

你和我有一种相互依赖的关系，我珍视并希望保持它。然而，我们每个人都是一个独立的个体，有着独特的需求和满足这些需求的权利。

当你遇到需求不能满足的问题时，我会试着倾听并真诚接纳，以便帮助你找到自己的解决办法，而不是依赖我。我也会试图尊重你选择自己信仰和发展自己价值观的权利，尽管它们可能与我的不同。

然而，当你的行为干扰了我自己需求的满足，我将开放坦诚地告诉你，相信你足够尊重我的需求和感受而尝试改变我不能接受的行为。当我的一些行为也不能被你接受时，我希望你也能开放坦诚地告诉我，以便我改变自己的行为。

当我们中的一方不能做出改变以满足另一方的需求时，让我们承认我们之间存在冲突，并承诺任何一方都不使用权力或权威，以对方为输家的代价，去解决每一个这样的冲突。我尊重你的需求，但我也必须尊重自己的需求。所以让我们一直努力寻找一个我们双方都能接受的解决办法，你的需求会得到满足，我的也会得到满足——没人成为输家，我们都是赢家。

这样，你可以通过满足自己的需求继续成长，我也可以。因此，我们可以在一个健康的关系中努力成为我们有能力成为的人。我们可以一直相互尊重、和平相处。

第十二章　领导面对的一些更深层问题

你想要哪种类型的企业？

在选择领导风格时，领导不可避免地会面对另一个问题：在我们的社会中我们需要哪种类型的企业呢？毕竟，企业是由人们组成的，领导的风格将决定整个公司的心理氛围。压制型领导会打造一个压制型的公司。

什么样的领导风格能使公司所有员工都感到他们的需求得到了尊重呢？本书所倡导的领导哲学与这样的观点是不一致的，即一个组织的存在仅仅是为了实现领导的需求和目标。因此，领导必须找到赢得团队成员愿意参与决策的方法，这样才能使管理层和员工的相互需求、领导和团队成员的相互需求得到满足。

你想成为一个有足够灵活性以适应不断变化的员工吗？如果公司要生存和繁荣，就必须具备这种灵活性。不应以当时谁最有权威为基础来解决问题或者制定决策，而是要根据掌握问题相关数据的所有员工的创造性资源来制定决策。

如果一个公司仅仅依靠工人对失业的恐惧或剥夺员工基本需求的管理方式是很难生存下去的。这就是为什么在过去的40年里，我们见证了一场革命的开始，我们称之为人际关系革命。各类企业花费数百万美元来寻找新的管理模式、新的管理办法、新的领导方式。也许在一个民主社会中生存，企业必须找到民主运营的方式。詹姆斯·沃西，

沟通力成就领导力

一位前西尔斯罗巴克公司的工业关系高管在几年前表达了同样具有说服力的想法：

> 如果我们对维护美国的"自由企业"和世界自由存有疑虑，就必须更有效地加强企业内部组织机构和自我管理企业的原则。……首先，该制度必须持续有效地运作。而它不可能长久地持续下去，除非它能更好地挖掘个体成员的创造性资源、能力和生产力。

这本书中描述的领导哲学和方法似乎与实现沃西提出的目标非常吻合。

你想要什么样的社会？

尽管从理论上讲，我们的社会深深植根于这样一种信念，即所有公民都有权利和能力选择自己的目标并做出关键性的决定，我们的大多数社会机构倾向于为机构内部的领导保留了这一权利。很明显，民主在实践中和理论中往往不一样。

从依赖中解脱是民主社会的另一个条件。正如著名律师詹姆斯·马歇尔曾经写到的：

第十二章 领导面对的一些更深层问题

从依赖中解脱的自由是民主的基础。这是必要的，如果人们想要开发和利用自己的潜能，如果社会追求不同个体的平衡，而非身份地位的结构。从依赖中解脱的自由是成熟的必要条件。因为通过依赖而获得的满足感是在某种专政权力阴影下的一种不安的和平。

当权力集中在少数几个领导身上时，依赖就增加了。因此，我们社会面临的挑战就是鼓励领导们接受与民主原则更加一致的领导风格——至少在理论上接受。这种领导理念需要注入我们社会每一个企业和组织机构的血液中。

如果我们想要一个民主的社会，我们必须拥有民主的组织架构，这反过来将要求民主型领导自身具备必要的技巧，与他们所领导的员工建立和发展相互满足的人际关系。

沟通力成就领导力

个人后记

我在年轻的时候,甚至在上高中以前,就开始意识到在我的世界里有好的和坏的领导。我不太清楚是什么造成了这种差别,但我记得我认为这与他们使用了很多权力有关系——他们给了我很多惩罚或威胁要惩罚,他们命令我做了很多事情,他们试图控制我。这些领导是我的各种老师、两个校长、一个基督教青年会领导、两个教练、一个童子军领队、几个营地辅导员、一些周日学校的老师、我的牧师和一个卑鄙的我永远不会忘记的助理校长。

我也很清楚,我在"好"领导面前的行为举止和我在"坏"领导面前的完全不同。我非常喜欢在好领导面前的自己,自然我也喜欢他们。无论参加什么团队活动,我都更加努力,我通常也会玩得很开心。和这些成年人交谈也很容易,和他们在一起我享受了一种彼此可以相互开玩笑的关系。

对于那些坏领导们,我总是扮演一个不同的角色,做些我根本不喜欢的行为举止。我不是团队中高效的一员,我花了很

个人后记

多时间想办法报复他们，让他们难堪或抬不起头；我抵制他们的指导；我在其他团队成员面前像个小丑；我经常说谎或掩盖我的错误，我很少与他们交谈或说笑话。我不喜欢在这些关系中的我，我肯定也不喜欢他们。

所有这一切都让我迷惑，我确定我没有对领导和领导力想得很深或进行任何深入分析，直到我自己于第二次世界大战中在陆军航空公司成为带领了十个或更多军官的团队领导。虽然我很想成为那些"好"领导之一，但很快发现这并不是那么容易。当我过于用力推动我的团队时，我得到了叛逆和反抗。我不想用惩罚来威胁不好的表现，但奖励也没用。几个曾经是我朋友的成员们不再那么友好了。队员们经常结盟反对我精心策划的政策。

很快，我变得善于分析领导力了。一个人在团队中怎样才能取得好的业绩？领导如何能够和他管理的队员保持良好的人际关系？如何培养一个具有团队精神、具有凝聚力的团队？

几年后重返平民生活，在 1949 年的夏天我被邀请参与美国国家训练实验室的团队建设项目。可以理解的是，我认为这是学习更多有关领导力和团队的一个重要机会，因为 NTL（美国国家训练实验室日后的名称）在这个相对较新的领域是一个全新的由一批先锋学者运营的领导力训练中心。

那个夏天的经历标志着我对领导力的专业兴趣的开始，自此之后，

沟通力成就领导力

我从未对其失去过兴趣。我很快就成了一名"领导力训练师"，阅读了我能找到的所有关于团队和领导的资料，并最终发展出我认为是一种连贯和有前途的领导效能的新理论，囊括在我写的一本书——我的第一本书——《以团队为中心的领导力——释放团队创造潜力的方式》（波士顿：米夫林出版公司，1955）。然而，事实证明，我所在领域的同事们并没有像我一样对我的有效领导模式做出评判。事实上，我敢肯定他们大多数人甚至都没有读过这本书。我的理念在其他涉及领导力的文章中也没有被引用。

要么那是一本糟糕的书，要么是一个不适合的模型，或者，正如我现在宁愿相信的那样，当时，这本书过于激进了。我崇尚的想法与当时大部分领导力思潮背道而驰——领导不应该使用他们的权力，他们应该让团队成员们参与所有重要的决策，团队存在的意义是满足所有成员的需求，领导可以信任"集体智慧"，团队成员应参与制定团队目标，领导要尽量减少他们与团队成员之间的地位差异，奖励和惩罚是无效的激励，领导应该学习专业顾问的技能。

今天，在此领域的专家们都知道，这些理念是各组织机构领导力的主流思想，许多已经得到了研究的验证。这并不是说我早期的模型包含了社会科学家现在所知道的有效领导的一切，恰恰相反。关于领导与其追随者之间复杂关系的知识已经增加了很多；我们对群体行为和群体发展的理解，对团队成员的激励，以及促进创造力和生产效率

个人后记

的研究已经取得了很多进展。

我已经将这些观点补充进这本书中并加以完善,同时提取了大量来自我过去25年作为各类企业的咨询顾问的经验。而且不容忽视的是,我现在提出的领导效能理念是通过我们公司40年来为数以千计的经理和主管们提供领导效能训练的经验重新塑造和打磨过的。为期3天的训练课程也已经成熟,并可以通过国际网络由数百名受过训练和认证的训练师提供给各个企业和组织。

最后,我将不得不坦白自己强烈的偏见,在此书中提到的这样一些高水平的效能技巧,如果没有通过深入的领导效能的课堂训练,很难获取。我们将很高兴地提供课堂训练的细节,以及我公司采用的训练和授权合格教练的程序。

联系我们

美国的课程信息

通过电子邮件或信件索取领导效能训练企业宣传册或如何将领导效能训练课程纳入贵公司训练计划。我们的电话是1-800-628-1197，我们的电子邮件是workplace@gordontraining.com。

领导效能训练可通过以下形式教授：

· 领导效能训练公开招生工作坊

· 为公司定制的领导效能训练现场工作坊

· 领导效能训练师训练及资格证书

· 为员工进行入门介绍的授课人员

除了领导效能训练，我们还提供以下企业训练项目：
经理冲突解决工作坊
销售人员协同销售工作坊

我们邀请您访问我们的网站，网址是：www.gordontraining.com

戈登训练国际公司

531 史蒂文斯大道西

索拉纳海滩，加利福尼亚 92075-2093

858-481-8121

800-628-1197

传真：858-481-8125

国内的课程信息

目前，L.E.T. 领导效能训练工作坊已经来到中国，代理信息如下：

上海心宁文化传播有限公司

独家代理东区：P.E.T. 父母效能训练　　　L.E.T. 领导效能训练

联系电话同微信：18717850178

电子邮箱：xinningsh@outlook.com

微信公众号：xinningwenhuash　心宁文化

地址：上海市宜山路 2016 号合川大厦 2 号楼 4 号门 205 室